独立開業を
目指す人の
ための

スモール
ビジネス
成功読本

前園浩也
MAEZONO HIROYA

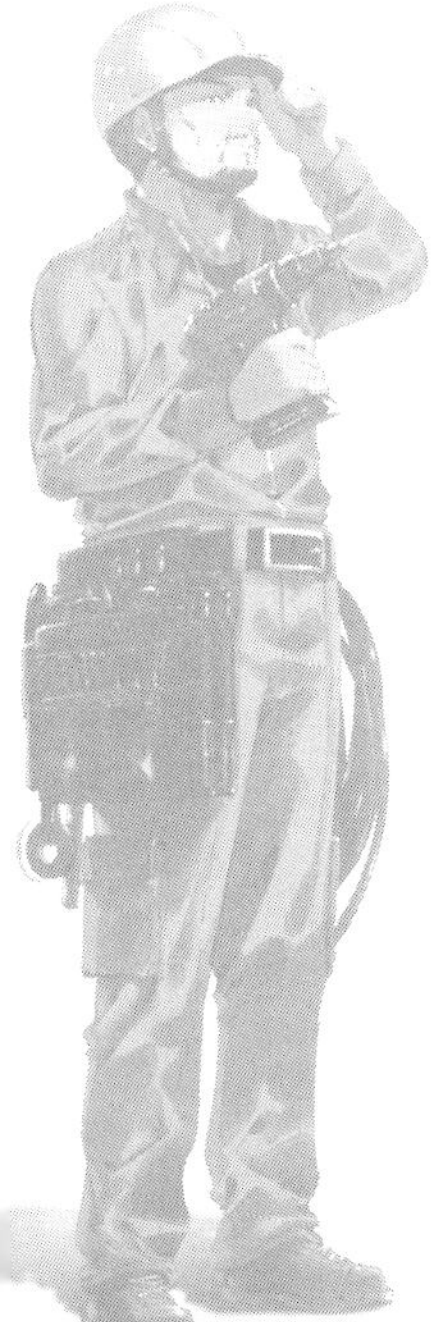

幻冬舎 MC

独立開業を目指す人のための
スモールビジネス成功読本

はじめに

近年、副業・兼業を認める企業が増えてきたこともあり、個人事業を始める機運が高まっています。しかし、実際にいざ起業となると、スタートでつまずく人は少なくありません。

私はこれまで、日本政策金融公庫や財務省の職員として、新規事業の立ち上げや経営改善の取り組みに関する相談を受けてきました。また、日本政策金融公庫に勤めながら大学院にも入学し、経営学研究科で起業についての学術的な研究に取り組みました。その後、私自身も起業家の一人として独立し、現在は事業計画書の作成支援を行う会社の代表を務めています。

起業支援に携わっていると、起業を考える人たちがさまざまな悩みを抱えていることが分かります。補助金や助成金の申請方法が分からず資金調達がうまくいかない、立ち上げ時に必要な手続きが分からない、そもそも事業計画の立て方が理解できない……など、本当に多種多様です。

こうした悩みを抱える人たちに実践してほしいのが、まず自身の起業するビジネスがどのようなタイプなのかを正確に把握することです。一口に起業といっても業種からターゲット、起業家のバックグラウンドまで、一つひとつはまったくの別物です。そこで、私が考案した分布図を用いて、起業の特徴ごとに「生業的起業」「ニッチ的起業」「ベンチャー的起業」「系列的起業」の4タイプに分類します。自身の起業タイプに沿って事業計画をしっかりと練ることで、資金調達の際に融資が受けやすくなる、口座の開設や入居審査といった立ち上げ時の手続きを適切かつスムーズに行えるなど、事業を運営していくうえで有利な結果につながるのです。

本書は、スモールビジネスを始めようとしている人を対象に、起業の4タイプ、事業計画の立て方や資金調達の方法など、立ち上げた事業を成功させるために必要な知識をまとめています。基礎的な内容も多くありますが、その一つひとつは決して疎かにしてはいけないものばかりです。

また、重要なテーマにはケーススタディ（プライバシーを守るため一部脚色しています）を設定し、起業の現場で起こったリアルな事例を紹介しています。

本書を読むことで、一人でも多くの起業家がスタートでつまずくことなく、事業を軌道に乗せてもらえれば、これに勝る喜びはありません。

目次

第2章

【起業の4タイプ】

「生業的起業」「ニッチ的起業」「ベンチャー的起業」「系列的起業」起業タイプの把握がビジネスモデル作成のスタートライン

第3章

【事業計画】重要なのはビジネスの仕組みづくりと収支予測 これから始めるビジネスを事業計画書へ落とし込み、視覚化する

第4章

【資金調達計画】
融資、出資、クラウドファンディング……資金調達先ごとの特徴を確認し、最適な資金調達計画を検討する

第5章

補助金や助成金、税制優遇、低金利での融資利用
煩雑な手続きをクリアすれば、
民間よりも有利な資金調達も

【公的支援の活用】

第6章

法人設立の判断、口座開設、入居審査……
知らないと損する！
押さえておくべき立ち上げ時の手続き
【起業の手続き】

第7章

【運営体制の整備】

起業後は毎日自己レビュー PDCAの高速回転でキャッシュフローを安定させることが、スタートアップ成功のカギ

第1章

新規開業後1年で約4割の事業者が赤字に

ビジネスモデルの完成度と
資金繰り次第で存続率はぐんと高まる

起業した人の４割が赤字という現実

近年、日本でも多様な生き方を認める文化が広がっており、以前よりも世間体を気にせずに人と違う道を歩みやすくなりました。また、「副業・兼業の促進に関するガイドライン」が改定され、本職の仕事で一定の収入を確保しながら、新しいことにチャレンジできる機会も増えています。働くことに対する価値観が変化し、自分も何か新しいことをやってみようと奮起する人も多いようです。

より自分らしく働いて、そのうえでしっかりと収入を得たいという考えは人として当然のことです。しかし、自分らしく働ける理想の場所など、そう簡単に見つかるものではありません。そのため、「自分らしく働ける場所」を自らつくろうと起業を選択肢の一つとして考える人が、今確実に増えています。

自分らしく働ける理想の場所として起業は魅力的ですが、「自分のやりたいことで起業して安定した収入が得られるのであれば、今すぐ起業するよ！」といった意見も多い

図表１　開業後１年の採算状況

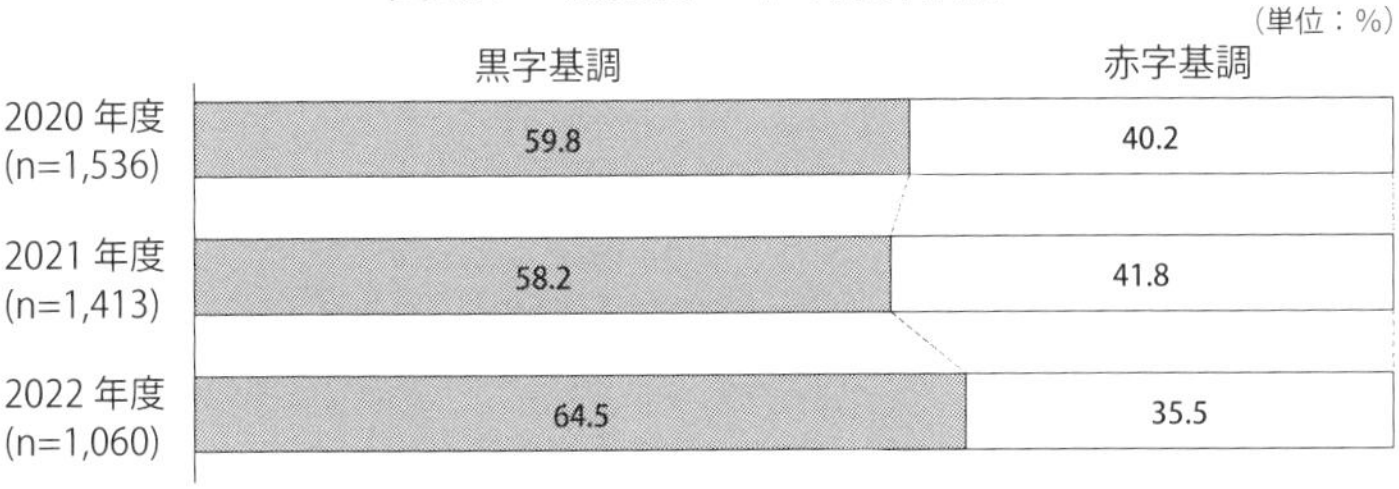

出典：日本政策金融公庫総合研究所 「2022 年度新規開業実態調査」～アンケート結果の概要～ P12 図 -22 現在の採算状況

でしょう。実際に起業に踏み出せない最も大きな理由は、「起業後に十分な収入が得られるか不安」というものだと思います。

多くの創業融資を実行している政府系金融機関「日本政策金融公庫」が、開業後１年目の創業者に行ったアンケートによると、約４割の事業者が現在の採算状況について赤字基調であると回答しています（図表１）。また、同じ日本政策金融公庫の別の調査では、開業後１年目の創業者に対して「現在、苦労していること」を聞いたところ、４割弱が「資金繰り・資金調達（に苦しんでいる）」と回答しています。このアンケートは毎年実施されていますが、不思議とアンケートの回答結果は毎年大きく変わっていません。多少の振れ幅はあるものの、いつの時代も約４割の起業家が赤字基調であり、４割弱の起業家が資金繰り・資金調達に苦しんでいます。

また、赤字よりも黒字のほうがいいに決まっていますが、黒字だからといって安心はできません。黒字であっても起業時に多額の融資を受けている場合は、その黒字のなかから借入金の返済額を捻出しなければならないので、返済額が大きければ黒字でも資金ショートをする可能性があります（いわゆる黒字倒産）。

このアンケート結果からすると、少なくとも起業家の約４割が十分な収入を得られていないと考えることができます。もちろん、このアンケート調査は日本政策金融公庫と取引をしている事業者だけですので、すべての起業に当てはまるわけではありません。しかし、一つのデータとして十分参考にしていいものでしょう。このアンケート結果は私の肌感覚とも近く、私も半分弱の起業家が十分な収入が得られておらず、資金繰りに余裕がない状況であると感じています。

起業に失敗はつきもの、だけど……

当たり前のことですが、初めて起業する場合は誰もが起業の初心者であり、どのような起業であれ、「うまくいかない」、「こんなはずじゃなかった」という大小さまざまな失敗を経験します。これは、勉強でもスポーツでも音楽でも英会話でもすべて同じで、初めから失敗せずにうまくいくことはあり得ません。仕事も同じで、まったくミスをしない新入社員なんて存在しません。あなたが起業してもなんらかの失敗をしますし、かつて私も大きな失敗をしました。人は失敗から学ぶ、失敗は成功のもとという格言は的を射ていると思っていて、失敗を経験して成長するプロセスはすべての物事に共通することだと考えられます。

もっといえば、いくら入念に起業の準備をしても失敗を避けて通ることはできません。しっかり勉強しても常に１００点満点を取れるとは限らないですし、いくら練習をしてもスポーツの試合でミスをゼロにすることはできません。それと同じで、いくら準備してもなんらかの失敗は必ず経験します。だからといって起業準備をしなくてもいいかというと、そうではないことは明らかでしょう。

いずれにせよ失敗はするので必要以上に失敗を恐れる必要はないのですが、起業の失敗には勉強やスポーツの失敗と大きく違う点があります。それは起業には致命的な失敗があることです。この致命的な失敗とは、いわゆる「負債を抱えての資金ショート」といえます。例えば、起業時に融資を受けて、その起業がうまくいかなかった場合、そのときの借金までチャラになるわけではありません。勉強やスポーツのように「失敗しても次を頑張ったらいい」とは簡単にいかないのです。失敗した事業の借金を背負いながら新しい起業を進めるのは不可能ではないですが非常に苦しくなるでしょう。また、起業を断念して会社員になったとしても、事業の借金を会社員の給与から支払い続けるのは現実的に難しいと言わざるを得ません。

そのため、起業については失敗前提で進めていいのですが、この致命的な失敗だけは絶対に避けるという強い気持ちをもつことが大切です。

Case Study 1

映《ば》える洋菓子店を開店したい！
――職人肌のパティシエは、なぜ資金ショートを起こしたのか？

ある有名洋菓子店のパティシエが独立したときのことです。職人肌のパティシエは、自分の店をもつことが長年の夢でした。しかし、店へのこだわりが強過ぎて、内観・外観に過剰な資金を投資しようとしていました。金融機関の融資担当者が過剰投資を指摘して、いったん投資計画は修正されたものの、融資の実行後、納得のいかなかったパティシエは本来運転資金として取っておくべき資金を内装工事に使ってしまいました。結局、４カ月後に運転資金が底を突いて資金ショートを起こし、金融機関への返済が滞ってしまいました。返済については リスケジュール（返済が困難になったときの返済条件の変更）を行い、少しずつ返済することになりました。

洋菓子店のみならず、消費者をターゲットに物やサービスを売るビジネスにありがちなのが、きれいで写真映えをする店舗に執着し過ぎるパターンです。長年の夢に相応しい店を造りたい、写真映えをする店をつくりたいと考える起業家は非常に多く、初期投資の半分以上を内外装費に充てようとする人もいます。しかし、内外装やインテリアなどは直接利益を生み出す設備ではなく、このような設備に投資しすぎるのはお勧めできません。

また、起業直後にリスケ（リスケジュール）してしまうと、金融機関からの信用はガタ落ちです。リスケしていることは一目瞭然なので、融資を受けた金融機関だけでなく、ほかの金融機関からの資金調達も難しくなります。こうなると、新たな資金調達ができずに、ただひたすら最初の借金を返済していくばかりで、新商品を開発するための新たな設備投資だったり、広告宣伝のための販促活動だったり、本当に必要で有効な資金を調達しづらくなります。

このケースとは逆に、店舗への投資をぐっと我慢した起業家もいます。あるリサイクルショップの事例で、ロードサイドに2階建ての大型店舗を借りて出店したのですが、最終的に建物の塗装費用が足りなくなり、建物の1階部分だけを塗装して、2階部分は塗装しない状態で事業をスタートさせました。私も最初に店舗を見たときは絶句しましたが、その起業家いわく「運転資金には絶対に手を付けられない。ちぐはぐな外観は恥ずかしいが仕方がない」と強い気持ちで投資を抑えていました。この店舗は徐々に軌道に乗り、1年後には無事に2階部分の塗装も終えて、外観をきれいに整えることができました。

特に店舗の内外装費は当初の見込み額よりも上振れすることが多く、過剰投資となりがちです。学術的な起業研究のなかでも、この「起業初期の過剰投資」は事業の存続に大きな影響を及ぼすことが示唆されており、絶対に避けなければなりません。どこからが過剰投資となるかを明確に線引きするのは難しいですが、第5章で紹介している「頼れる公的機関」などを活用し、過剰投資となっていないかなどを積極的に相談するようにしましょう。

私は慎重派だから過剰投資なんてしないよという人でも、資金ショートを起こしてしまうケースも少なくありません。次のケースは、過剰投資をしておらず、かつ売上も想定どおりだったのに、資金ショートを起こしたものです。

Case Study 2

脱毛サロンのオーナー起業で労せず儲けたい！
――大企業出身の社員には、見えなかった落とし穴

ある大企業の男性社員が脱サラ起業をするときのことです。当時流行していた脱毛ブームに乗って脱毛サロンの開店を決めました。女性もターゲットとなるので、自分で施術をするわけにはいきません。そこで、女性の施術経験者を業務委託で確保し、適切な投資額の範囲で無事にサロンをスタートさせました。売上はおおむね想定どおりだったにもかかわらず、店舗運営のために用意していた運転資金は徐々に目減りし、10カ月後に資金がショートしました。サロン

を閉めたため金融機関から一括返済を求められましたが、一括返済ができなかったので、リスケを行い毎月少しずつ返済することになりました。

想定どおりの売上がある場合でも、資金ショートを起こしてしまうケースはたびたび起こります。この主な原因は、毎月支出するランニングコストを低く見積もり過ぎたことにあります。つまり、発生すると予測した経費よりも実際の経費のほうが大きかったということです。例えば、従業員の給料（このケースでは業務委託費）や店舗の家賃は、明瞭な経費なので見積りを誤ることはありません。また、今回のケースでは発生していませんが、飲食店などの食材費や小売業などの商品仕入れ代金（いわゆる売上原価）も、おおむね正確に予測することができます。

では、何が見込み違いの原因になるかというと、それは「諸経費」です。諸経費とは、水道光熱費、広告宣伝費、通信費、交通費、消耗品費、支払手数料、クラウド利用料、保険料、税金など、細々とした経費の合算額です。人件費や家賃などと比べると、一つひとつが小さな金額で大したことはない気がしますが、積み上げていくと意外に大きな金額となります。この諸経費を低く見積もってしまうと想定した以上に支出が増え、資金繰りを悪化させてしまいます。諸経費は細かい金額なので管理しづらく、そもそも発生するかも分からない経費もあるので多くの起業家が見落としがちです。この諸経費をしっかり見積もっているかどうかで起業家のレベルが分かるとまでいわれています。

諸経費を見積もるコツは第3章の収支予測で述べていますが、さわりだけ説明すると、諸経費は一つひとつ見積もるよりも売上高の何％の諸経費が掛かると決めうちするほうが有効です。起業後にどの程度の諸経費が掛かるのか、先に紹介した日本政策金融公庫が業種別の経営指標を公開しているので、その「諸経費対売上高比率（売上高に対して何％の諸経費が掛かっているか）」を確認することをお勧めします。

知っておきたい「企業余命」の考え方

経営学の本を見ると、「死の谷（デスバレー）」という言葉を目にすることがあります。死の谷とは、開発から実用化に至るまでの資金調達の難しさを表した言葉です。例えば、ある製品を開発する際、開発期間中に十分な資金を調達できなければ開発を続けられなくなるので製品化に至る前に開発を断念することになります。開発者にとっては資金調達を実現できなければ、今まで積み上げてきた努力が無駄になってしまうので死の谷と名付けられたのかもしれません。

この死の谷と似た考え方で、「企業余命」というものがあります。文字どおり、企業がいつまで存続できるかを表した言葉です。企業という名称を使っていますが、個人事業主でも考え方は同じです。具体的には、今の会社の資金力が５００万円で、毎月の支出が１００万円だった場合、企業余命は５カ月となります。もし、毎月50万円の収入を稼ぐことができたのなら、実際の支出は毎月50万円（収入50万円－支出１００万円）となるので、企業余命は10カ月まで伸びます。すべての企業に共通することですが、この企業余命の期間内に支出を上回る収入がなければ、いずれは資金が底を突いてしまい、事業は立ち行かなくなります。

先ほどのケーススタディ１に、数字を当てはめて企業余命を考えると、次のとおりになります。

会社の資金力はもともと500万円あったものの、300万円を追加の設備投資に使ってしまい、200万円しか残らなくなりました。実際の支出は毎月50万円で、資金が500万円残っていれば企業余命は10カ月だったものの、200万円しか残っていないので、企業余命は4カ月まで短くなりました。

過剰投資をしてしまうと、手持ちの資金力が減り企業余命は短くなります。いくら魅力のある商品を販売していても、販促活動をしなければ店の存在や商品の魅力を広く知ってもらうことは難しいでしょう。残り少ない資金から販促資金を捻出すると企業余命はさらに短くなり、広く認知される前に企業余命が尽きてしまいます。逆に、企業余命が長いと、その期間に十分な販促活動をすることができ、ファンができたり、口コミで商品の魅力が広がったりして売上を獲得しやすくなります。

続いてケーススタディ2に数字を当てはめると、次のとおりです。

会社の資金力は200万円でした。起業後の売上は毎月200万円で想定どおりでした。しかし、諸経費は毎月10万円の発生予測に対し、実際は40万円（売上の20％）

も発生していました。毎月10万円のプラスになるはずが、実際はマイナス20万円となり、蓋をあけてみれば企業余命は10カ月でした。

諸経費は、水道光熱費のように毎月の固定料金に加え使った使用量に応じて決まるもの、広告宣伝費のように売上高の増減と連動するもの、年に１回だけの支払いのものなど計算しづらい経費が多いのが特徴です。管理するのも厄介で、把握できないがゆえに低く見積もりがちです。このケースのように、諸経費を低く見積もり過ぎると、少しずつ資金が目減りしていくのも自明といえます。

企業余命は起業した瞬間に決まり、起業したあとは、実際の収入・支出の関係によって長くなったり、短くなったりします。企業余命の期間中に支出を上回る収入を稼ぐことができなければ資金がいずれ底を突いてしまうので、起業して事業がうまく進まないようなら、次々と対策を繰り出さなければなりません。

しっかりとしたビジネスモデルをつくろう

起業家の約4割が十分な収入を得られていないこと、企業余命の期間中に支出を上回る収入がないと資金ショートすることなどを紹介しましたが、なにも「起業しても大変だからやめたほうがいいよ」とビビらせることが目的ではなく、要は、しっかりとしたビジネスモデルをつくりませんか、という提案をしたいのが目的です。ビジネスモデルをしっかりとつくる（創る）ことで、起業後のリスクは相当程度コントロールすることができます。

おそらく「ところでビジネスモデルとは何でしょうか」という人も多いと思いますので、コミュニケーションエラーを防ぐため、本書では図表2のように定義します。

ビジネスモデルは、ビジネスの仕組みと、その仕組みをシミュレーションしてはじき出した収支予測（売上と経費の予測）で構成されています。そのビジネスモデルに資金調達計画（資金手当て）を加えたものがビジネスプラン（事業計画）です。ビジネスモ

図表２　ビジネスモデルの考え方

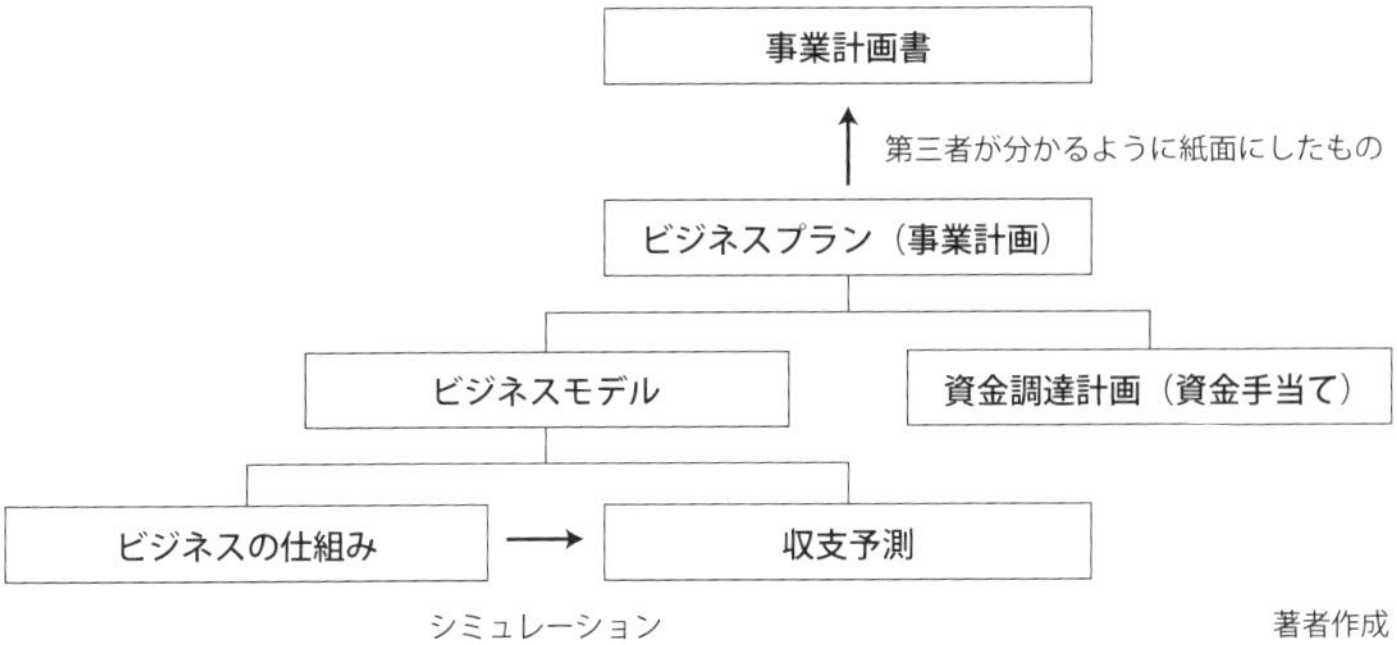

著者作成

デルをビジネスプランに昇華させるとき、資金調達計画と噛み合わない場合も当然あります。そのときは、ビジネスモデルに戻り、資金調達計画にマッチするようにビジネスの仕組みを再検討する必要があります。ビジネスの仕組み→ビジネスモデル→ビジネスプランと一方通行で考えるのではなく、収支予測や資金調達の様子をうかがいながら、右往左往してビジネスモデルの完成度を高めるイメージです。なお、事業計画書は、第三者が分かるようにビジネスプランを紙面で表現したものとなります。今後は、このモデルを前提に話を進めます。

起業に当たり最も大事なことは、しっかりとした「ビジネスモデル」をつくることです。ビジネスモデルの完成度が高ければ、自ずと資金調達もしやすくなり、事業運営の見通しも立てやすくなります。また、始めた事業がうまくいかなかった場合にも、ビジネスモデルがしっかりとしたものであればあるほど、何が予測と異なっていたか、次にどんな対策を繰り出すべきかを検討しやすくなります。企業余命は起業した瞬間に決まるので、事業がうまくいかなくなってからビジネスモデルを整理し始めるのでは、とても時間が足りません。

収支予測は、ビジネスの仕組みを頭の中でシミュレーションして出てきた計算結果なので、まずはビジネスの仕組みからつくることになります。ビジネスの仕組みとは、いわゆるターゲットが誰で、マーケットはこのぐらいで、競合他社はこの会社で、といったよくあるものです。ビジネスの仕組みは、思いついたことをパッと書けるよう紙面に手書きしたほうがいいと思いますが、実際に頭の中でビジネスモデルを組み立てて成功している起業家はたくさんいますし、必ずしも紙面や電子データに残す必要はありません。ただし、自分以外の第三者が関与する場合は、面倒でも紙面にして共有したほうがいいでしょう。

第２章　【起業の4タイプ】

「生業的起業」「ニッチ的起業」
「ベンチャー的起業」「系列的起業」

起業タイプの把握が
ビジネスモデル作成の
スタートライン

起業タイプの把握が、ビジネスの仕組みをつくるスタートライン

ひとくちに起業といっても、ＩＴを駆使してグローバルな展開を目指すベンチャー企業、飲食業や介護業など地域に密着した起業、ある特定のニーズに対応するニッチビジネスなどさまざまです。また、起業を「新たに事業を起こすこと」と定義するなら、大企業が出資して設立した子会社も一つの起業といえるでしょう。

起業する動機は、これまでの仕事で身につけた技術や経験を活かしたいというケースが大半ですが、いわゆる手に職がない人でもフランチャイズに加盟して起業したり、副業で行っていたネット販売が軌道に乗って本業にしたりと、今までの実務経験とはまったく関係のないビジネスで起業する人もいます。また、働きながら篠笛《しのぶえ》の演奏家として活動を続けていた方が既製品にはない性能をもつ篠笛を自分で作りたいとして起業した事例や、趣味のコスプレが高じてコスプレ専門店を起業した方、サバイバルゲームが好きでミリタリーショップを起業した方など、自分の好きからビジネスを始める人も少な

くありません。このほか、社会問題を自分のこととしてとらえ、その解決を目指す社会起業家などもいます。

このように、そもそもの起業タイプが異なるほか、起業動機によって何を目的（ゴール）とするかが異なり、ここに起業家の性格や多種多様な業種などが組み合わさると、同じ「起業」という言葉を使っていても一つひとつはまったくの別物です。この千差万別の起業に対し、起業にはこうしたら大丈夫ですよ、という一律の答えはありません。何をゴールとして、どのようなビジネスで起業するかは起業家本人がいちばんよく分かっているので、やはり自分の力でビジネスの仕組みをつくる必要があります。

とはいうものの、どのような視点から仕組みを考えればいいか分からないので、SWOT分析や3C分析などの有名なフレームワークのなかから、自分に合ったものを使っても問題ありません。しかし、そもそも自分の起業タイプについて不知であれば、せっかくのフレームワークもただの穴埋め作業になってしまいます。そこで、まず自分のやりたい起業にどのような特徴があるかを把握し、その特徴を理解してから仕組みを考えたほうが圧倒的に早くブレもありません。また、起業タイプを知ることとは、次のステージの資金調達計画を立てるときも、とても役立ちます。

なお、次の第3章ではビジネスの仕組みをつくるステップを紹介しているので、既存のフレームワークと併せて参考にしてください。

4つの起業タイプ

起業は、市場規模(マーケット)やニーズの違いによって大きく「生業《せいぎょう》的起業」「ニッチ的起業」「ベンチャー的起業」「系列的起業」の4つのタイプに分類することができます(図表3)。

縦軸は「市場規模の大きさ(ターゲットの広さ)」横軸は「顕在ニーズ(すでにビジネスが成立

図表3　起業タイプの4分類

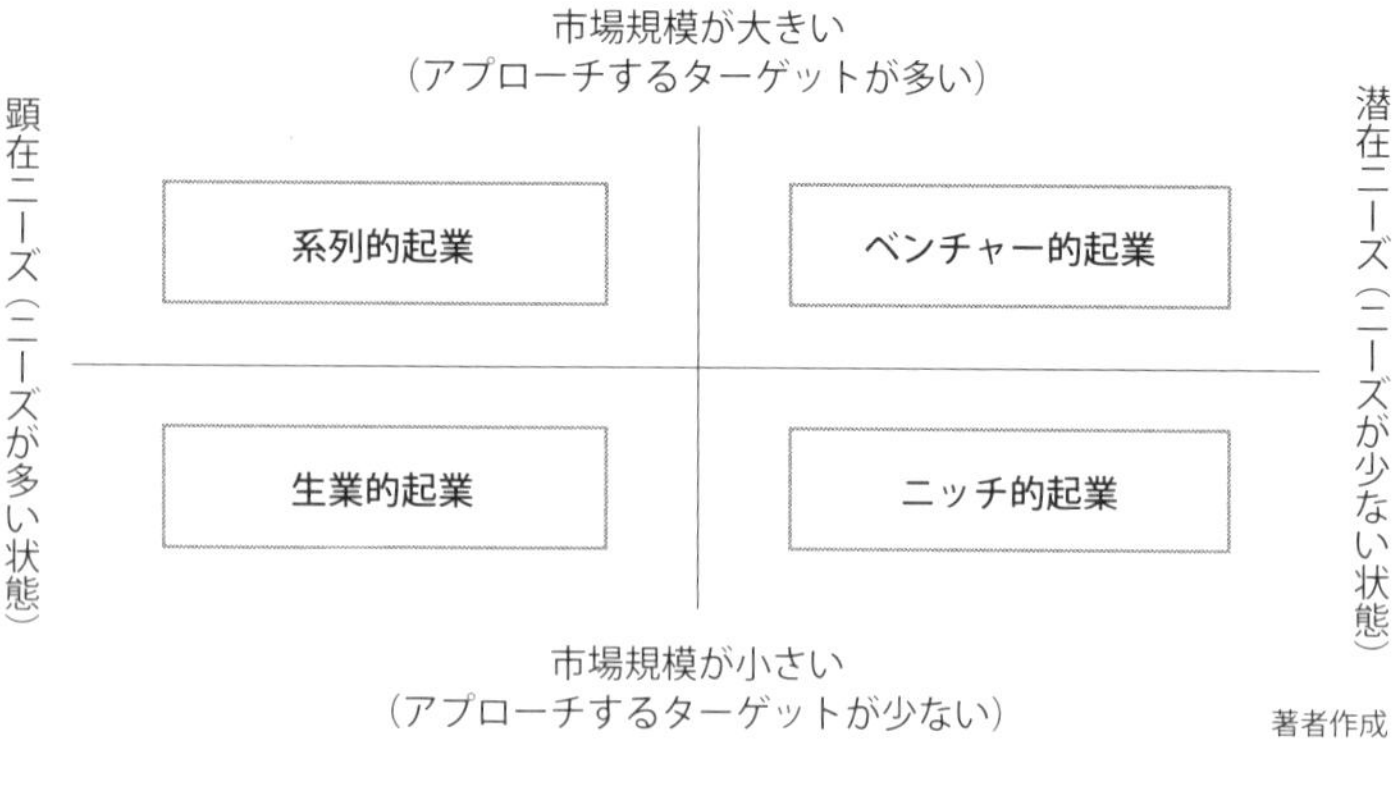

著者作成

しているもの）か潜在ニーズ（ニーズがあると推測できるもの）か」で、起業タイプはこの縦軸と横軸をクロスして、大まかに分類することができます。なお、この４つのタイプのうち、生業とニッチの2つが本書のタイトルになっている「スモールビジネス」となります。

ただし、生業とニッチの中間にあるようなビジネス、ニッチ寄りのベンチャーなどもあるので、すべての起業をきれいに分類できるわけではありません。それでも、自分の起業がどのタイプに近いのか知ることは、ビジネスの仕組みをつくるうえで、とても重要です。起業タイプを厳密に考えて立ち止まる必要はありません。このタイプに該当しそうだと、まずは感覚的にイメージしてスタートしましょう。

【生業的起業】

地域と生活に根差したスモールビジネスがこのタイプ
――小売店、飲食店、美容室、学習塾、整骨院など――

生業は「なりわい」とも読みます。もともと意味は生計を立てるために営んでいる家業のことです。地域の基本的な生活ニーズに応えるビジネスの大半が、このタイプに分類されます。

〈**特徴**〉

顧客基盤　その地域に住む人、その地域に働きに来る人が主なターゲットとなります。基本的に商圏が地域に限られ、人が入れ替わることが少ないため、その商圏内でいかにリピーターを獲得するかが重要となります。

起業経緯　実務経験から身につけた知識、ノウハウ、技術などを活かして起業するケースがほとんどです。実務経験がない場合は、フランチャイズなどに加盟して研修を受け、基本的な知識や技術を身につけてからビジネスをスタートします。

アドバイス　誰もが同じような実務経験を積んで起業するので、とにかく競合する同業者がたくさんいるのが特徴です。ターゲット側からは、あなたのビジネスも同業者のビジネスも、たいして違わないように見えるかもしれません。違いが伝わらなければ、価格しか比べられる要素がないので最終的に価格競争となります。価格競争をしたくなければ、差別化をして、それをターゲットに知ってもらう工夫が必要となります。複数の分野の知識、経験、スキルなどをユニークに組み合わせて、オンリーワンの商品サービスをつくって差別化を図りましょう。

ただし、口で言うほど差別化は簡単ではないので、実際は人付き合いで集客が決まることも珍しくありません。同業者の商品サービスと大差がなくても、「親身に相談に乗ってくれた」、「お店のスタッフの愛想が良かった」といった理由でターゲットを獲得できることも大いにあります。

〈生業的起業の例〉

- 介護事業所に勤務し、その経験を活かして訪問介護サービスを起業するケース
- 美容師として経験を積み、指名してくれる顧客が増えたことから起業するケース
- 昔から料理が好きで、フランチャイズに加盟して飲食店を起業するケース

【ニッチ的起業】

特定の人に向けたビジネスがこのタイプ

——篠笛制作、コスプレ専門店、ミリタリーショップなど——

ビジネスの世界では、市場規模が小さく大企業が参入しない隙間産業をニッチと呼んでいます。別の表現をすれば、ターゲットが特定の人（企業）に限定されるビジネスがこのタイプに分類されます。

〈特徴〉

顧客基盤　生業が「商圏が限られる」がゆえに市場規模が小さくなるのに対し、ニッチは「人が限られる」がゆえに市場規模が小さくなるイメージです。現在はEコマースが充実しているため、ニッチは全国に顧客基盤をつくりやすくなっています。

起業経緯　自分または自分と同じ志向をもつ仲間の「こんな商品サービスがあればいい」といったニーズを満たすために起業するケースが多いです。また、世の中の社会問題の解決を目指す社会起業家もニッチであることが多いです。

アドバイス　ニーズが特定の人や企業に限られるため、ここから商圏を狭めてしまうとビジネスが成立しづらくなります。そのため、Ｅコマースなどを活用し、商圏を全国に（場合によってはグローバルに）展開することが必要不可欠です。

また、潜在ニーズに近いほど、商品サービスの内容をターゲットに知ってもらうまで時間が掛かります。そのためにそもそもビジネスとして成立させられるほどのニーズがあるかどうか起業の初期段階で見極めることが難しいです。ビジネスがうまくいくかどうか疑心暗鬼のまま毎月資金だけが流出していくので精神的にもストレスですし、資金不足に陥りやすい傾向もあります。生業ビジネスの一部をビジネスモデルに組み込むなどして、早期に売上が立つように工夫したほうが経営は安定します。

〈ニッチ的起業の例〉

● 働きながら活動していた篠笛の演奏家が、既製品にはない性能をもつ篠笛を自ら作りたいとして起業するケース

- コスプレ衣装として自作したメイド服が周囲から好評だったことから、コスプレグッズ専門店を起業するケース
- 趣味のサバイバルゲームが高じて、サバイバルゲームで使う装備の販売、貸し出しを行うミリタリーショップを起業するケース

【ベンチャー的起業】

今までにない商品・サービスを大きく展開するのがこのタイプ

——業界のルールを変える新しいビジネスなど——

ベンチャーはアドベンチャーと同じ語源で、「冒険的・野心的」という意味があるそうです。常識にとらわれない新しい価値観で業界のルールそのものを変えるビジネスや新しいニーズを広く喚起するビジネスがこのタイプに分類されます。

〈特徴〉

顧客基盤　（潜在ニーズをもつと推測される）大衆や大多数の企業がターゲットとなります。市場規模の大きな領域で起業するので、大企業や中堅企業のターゲット層と重なることがほとんどです。

起業経緯　これまでの人生経験から、「世の中はこうあるべきだ」、「このような仕組みがあれば面白い」など、常識にとらわれずゼロベースでビジネスを立ち上げたい冒険的・野心的な起業家が多い傾向にあります。

アドバイス　４つの起業タイプのなかで最も難しい起業タイプです。まず、大衆や大多数の企業向けの販促活動・顧客対応などを行う必要があるので、とても一人の力で事業を回すことはできません。そのため、同じ志をもった仲間とともに組織をつくる必要があり、この組織づくりができるかどうかが大きなポイントとなります。また、組織で事業を動かすためには多くの資金も必要です。この資金を調達できるかどうかも重要なポイントとなります。さらに、ビジネスが軌道に乗った場合、同じ市場にいる大手企業や中堅企業がずっと静観しているはずがありません。ニーズが広がっていけば必ず模倣（同質化）されるため、簡単に模倣されない模倣困難性を兼ね備えている必要があります。これらをクリアして初めて、大きな市場で大企業や中堅企業と戦うことができます。このいずれかでも欠けてしまう場合は、ニッチからスタートして少しずつ自力を蓄えて育てるほうが得策かもしれません。

〈ベンチャー的起業の例〉

- 廃棄される食品を分解し、高品質の化粧水の生成を目指すケース
- ＡＩが異常を察知して映像を携帯に送る防犯カメラの開発を目指すケース
- 携帯で簡単に生命保険や火災保険の請求ができる仕組みを目指すケース

【系列的起業】

既存事業の経営資源を引き継いでスタートする起業がこのタイプ

――スピンアウト、ジョイントベンチャー、Ｍ＆Ａなど――

親会社からのスピンアウト、関係会社間でのジョイントベンチャー、M&Aに関連した新会社の立ち上げなどがこのタイプです。系列的起業に該当する方が本書を手に取っていることはないと思いますので、本書では詳しく扱っていません。

〈特徴〉

顧客基盤　親会社などの経営基盤をそのまま引き継ぐケースや、既存事業のブランド力を活かして新分野の顧客を獲得していくケースが大半です。

起業経緯　経営の多角化などを目的に親会社が意思決定して設立するもので、個人の起業意思とは無関係です。ほとんどのケースで親会社や関連会社に所属する人材が転籍して代表者に就任します。

〈系列的起業の例〉

- ＥＣサイトを運営していた企業がエネルギー会社を設立するケース
- 大手家電メーカーが生命保険会社を設立するケース

・世界的規模で活動している物流会社が金融会社を設立するケース

資金の調達方法は起業タイプによって異なる

代表的な資金調達の手法は、ベンチャーキャピタル（ＶＣ）などが行う出資と、金融機関が行う融資の２つです。４つの起業タイプは、出資と相性が良いもの、融資と相性が良いものなど、それぞれの起業タイプによって相性に良し悪しがあります。

自分の起業タイプを確認し、今後の資金調達計画を見据えてビジネスモデルをつくるとスムーズでしょう。また、資金調達においては、「資金を提供する側の事情」を知っておくと、とても有利です。

出資する側の事情

出資とは、いわば出資する側と資金を受けとる側の「株式の売買契約」です。株式の売買契約なので、資金を受け取る側は「株式会社」に限定されます。株式を譲り渡せば、受け取った資金を返さなくても構いません。そのため出資する側は、出資先の経営がいくら悪化しても「資金を返してくれ」と請求することはできず、万が一、出資先が倒産すれば出資額の全額を失います。このように出資する側にとっては資金の回収が難しくハイリスクです。

では、出資側がどのように資金を回収するかというと、株式の上場などのタイミングで、買ったときよりも高く株式を売却して出資金を回収します。このように、一般的に出資者のリターンは買った株式を売却することによって得られる売買差益（キャピタルゲイン）であり、株式の価値が上昇するほど出資者が得られるリターンは大きくなります。例えば20社に出資して19社が倒産しても、残りの1社が上場して高値で株式を売却できれば、その1社のキャピタルゲインだけで20社に出資した額以上の利益が得られます。そのため、出資はハイリスク・ハイリターンといえます。

したがって、出資は、独自の技術で市場を席巻できる企業など、株式の価値がハネ上がると期待できるビジネスでないと対象になりません。出資する側は「リスクは覚悟しているから、上場できるぐらいの急成長を目指してくれ」と考えているのです。そのため、大きな市場で事業拡大が期待できるベンチャーや系列は出資対象となりますが、小さな市場にいて急成長が期待できないスモールビジネス（生業とニッチ）は、まず出資の対象になりません。

融資する側の事情

融資とは、資金を「貸し借り」することです。主に金融機関と事業者の間で融資は行われます。出資のように株式を売買するわけではないので、資金を借りる側は株式会社でも合同会社でも個人事業主でも問題ありません。また、融資は「貸し借り」の関係なので、資金を借りる側は、経営状態がいくら悪くても契約書のとおりに元本と利息を返済する義務を負います。このときの利息が、融資する側の利益(インカムゲイン)となります。なお、元本はもともと貸したお金が戻ってきているだけなので利益ではありません。

貸出利率はたった数%なので、融資1件あたりの金融機関の利益はごくわずかです。わずかな利益しかないので、1件でも不良債権が発生すると金融機関側は大きな損失を被ってしまいます。1件の不良債権の損失を取り戻すのに、数百件の新しい融資を行わ

図表４　起業タイプと出資・融資の相性

	出資	融資
生業	×	○
ニッチ	×	×
ベンチャー	○	×
系列	○	○

著者作成

なければならないかもしれません。また、たとえ資金を借りる側の売上が１００倍にハネ上がったとしても、受け取ることができる利息は変わりません。

したがって、金融機関の利益はローリターンとなります。そのため、確実に返済が見込めるビジネスでないと金融機関は怖くて融資ができません。金融機関側は「無理な事業拡大はいらない。堅実な経営をして、確実に返済をしてくれ」と考えているのです。そのため、すでに多くの事業者が参入していてビジネスが成立することが分かっている顕在ニーズ側の系列と生業が融資対象となります。一方で、本当にビジネスが成立するか分からないような潜在ニーズ側のベンチャーやニッチには消極的な対応をとらざるを得ません。

これらの事情を踏まえ、資金調達における４つのタイプの相性を整理すると、上の表のとおりとなります。この表のとおり、最も資金調達に苦労するのはニッチです。そのために、ニッチは資金不足に陥りやすい傾向があります。

Case Study 3

突然発症する意識障害がいつ起こるか予知する機械を販売したい
――社会に有益なビジネスは、なぜ出資を受けられなかったのか？

突然発作を起こして意識障害を起こす症状があり、その症状に悩む人は約100万人います。発作は薬の服用でおさえることもできますが、すべての人に効くわけではありません。この発作が起こるタイミングが分かれば、事前に車の運転を控えるなど有効な対応ができ、社会にとっても有益です。ある研究者チームはこの症状の発症を予知する装置の開発に成功し、その装置の量産化と販売促進のため、いくつかのＶＣに出資を依頼しました。しかし、すべての

VCに出資を断られ、事業の継続を断念することになりました。

この商品は世の中にない新しい装置の販売であり、実際に売れている商品（顕在ニーズに対応している商品）の代替商品ではありません。そのため、潜在ニーズをターゲットとしたチャレンジングなビジネスといえます。研究者チームは出資を求めたものの、資金調達は成功しませんでした。急成長を求める出資者から見れば、患者（ターゲット）は最大１００万人と少なく、薬の服用で症状をおさえられる人が装置を購入しないことを考えれば、さらにターゲットは少なくなります。たとえ売れたとしても上限が知れており、出資側はハイリスクに見合ったリターンを期待できません（高値で株式を売却できません）。

出資者の立場からいえば、ちょっとしか儲からないのであれば、ハイリスクを負うメリットがありません。それなら、リスクの高いビジネスに出資するよりも投資信託などで堅実に運用したほうが、よっぽど健全です。買い取った株式が高値で売却できると期待できない限り、いくら社会に有益なビジネスであろうと出資はできません。なお、このケースでは出資を断られたあと、複数の金融機関に融資の申し込みをしましたが、すべての金融機関において断られています。

事業計画を考えるうえで、市場規模を考えることは大切です。今回のケースに限らず、斬新で画期的なサービスであっても、大きな市場が見込めない場合は、それはベンチャーではなくニッチの起業タイプとなります。このケースでも研究者チームは、自分たちのビジネスをベンチャーだと信じて疑いませんでした。斬新で画期的なサービスをもって自分の起業はベンチャーだと誤認してしまい、周りに流されるようにベンチャー向けの勉強会やイベント、資金調達のためのコンテストやプレゼンテーションに参加しても、良い結果につながらないことが多いかもしれません。そうこうしている間も、毎月資金は流出し、企業余命は少しずつ短くなります。どうしても資金調達が必要ならば、資金の提供者側（VCや金融機関など）の意向に沿うように、自分たちのビジネスモデルのほうをつくり変えることも必要でしょう。すべての起業家にいえることですが、頑なに当初のビジネスモデルに固執してはならず、うまくいかなければどこかで見切りをつけ、方針転換を図ることも選択肢の一つとしてもっておかなければなりません。なお、このケースはＶＣのような投資会社のケースであり、一般企業や個人投資家であれば出資先が見つかった可能性はあります。

Case Study 4

ＰＲすればするほど悪印象に——安定した広告収入を見込んだサプリメント評価サイトに融資はおりず

ある起業家が広告会社（アドアフィリエイト専門）を設立しました。取引先はまだ１社もありません。起業後、市販のサプリメントを評価するウェブサイトを立ち上げ、２００人ほどのモニターを集め、モニターが日々コメントを投稿することでサイトを盛り上げています。このサイトには、サプリメントの販売会社が直接ウェブサイト内で販促活動ができるなどの画期的な機能もあります。主な収入源は、ウェブサイトの閲覧者がサイト内の広告をクリックすることで得られる広告収入です。閲覧者を増やすための広告費用として２０００万円の資金調達を計画していましたが、どの金融機関からも融資を受けることはできませんでした。

この企業はウェブサイトの運営方針や経営戦略を緻密に考えていたため、どこの金融機関でも融資を受けられると考えていました。金融機関に申し込みした後、融資審査の担当者にウェブサイト内の評価の仕組みや今後の経営戦略などを一生懸命に説明し、2000万円を調達できれば、いかに多額の広告収入を得られるのかを力説しました。しかし、結局、どの金融機関からも融資を受けることができませんでした。

この企業の起業タイプを考えると、アドアフィリエイトというビジネスはすでに成立しているので、その点でいえば生業に該当するでしょう。一方、サプリメントの評価サイトや画期的な機能は潜在ニーズをターゲットとするチャレンジングなものであり、アドアフィリエイトに特化していることを考えると、ニッチの起業タイプともいえます。ただ、この企業の起業タイプが何に分類されるかなどは、そう重要ではありません。

大切なことは、繰り返しになりますが、「資金調達をするなら、資金を提供する側の事情を汲むべきだ」という点であり、今回のケースでいえば、自分がニッチの特徴があることを自覚して、金融機関が消極的なスタンスとなることを予測し対策をとっておくべきだったという点です。

すなわち、金融機関の主な関心は「ウェブサイトから広告収入を得られなかったときに、どうやって返済するのか」、「返済の原資となる別の収入源はないのか」にあるわけで、サプリメントの評価サイトのすばらしさや、いかに多額の広告収入を得られるのかなどを力説されても困るわけです。

金融機関の立場からいえば「当たれば大儲け、外れたら無収入」では困るわけで、このような金融機関の事情に気づけば、まずは広告関連の取引先を複数社見つけて堅実な収入源を確保してから、金融機関に申し込みをしようかという結論になると思います。ほかに堅実な取引があれば、仮にチャレンジングな評価サイトから広告収入を得られなかったときでも返済が見込めるので、より融資はしやすくなります。逆に金融機関の事情に気付けないと、金融機関を次々と回っては融資を打診し、なぜ融資をしてもらえないか分からず、いたずらに企業余命を短くしてしまうことになります。

なお、どの金融機関においても融資を断るときはハッキリと理由を示しませんので、言葉の端々《はしばし》から理由を推し量らなければなりません。

ＶＣや金融機関などの資金の提供者側の事情を分かっていないために、資金調達に苦労する人はたくさんいます。繰り返しますが、出資者が求めるのはハイリターンであり、ほどほどの儲けを一生懸命にＰＲしても逆効果です。また、金融機関が求めるのは確実な返済であるので、イケイケドンドンで頑張りますと熱心に伝えられても不安しか残りません。

資金調達は起業タイプによって相性の良し悪しがあるので、自分の起業タイプを確認し、資金調達計画を見据えてビジネスモデルをつくることになります。また、「資金を提供する側の事情」に反するようなＰＲは避けるようにしましょう。

第3章　【事業計画】

重要なのはビジネスの仕組みづくりと
収支予測

これから始めるビジネスを
事業計画書へ落とし込み、
視覚化する

ビジネスモデルをつくろう

ビジネスモデルとは、「ビジネスの仕組み」と「収支予測」を組み合わせたものでした。収支予測は、ビジネスモデルの仕組みを頭のなかではじき出した計算結果なので、まずはビジネスの仕組みからつくることになります。ビジネスの仕組みは勝手気ままにつくっていいのですが、マニュアルもヒントもない状態で一から仕組みをつくるのは大変です。そのため、仕組みをつくるための指針が欲しいときは、ＳＷＯＴ分析や３Ｃ分析などの有名なフレームワークや、これから紹介する「ビジネスモデルの作成ステップ」を活用しましょう。

ただし、「ビジネスモデルの作成ステップ」を含め、フレームワークの各項目を埋めたからといってビジネスモデルが完成するわけではありません（そもそもフレームワークは、ビジネスモデルを完成させるためのツールではありません）。人の思考には癖があり、その思考の癖によってさまざまな不具合が生じてしまうため、その不具合が起こらないよう「考える視点」、「考える順番」を提供するのがフレームワークの役割です。フレームワークを使って、どこまで完成度の高いビジネスモデルをつくることができるかは、やはり使う人次第です。

ビジネスの仕組みを考えるときは、手帳のメモ欄などに手書きする方法をお勧めします。手書きするほうが自由にサラサラッと書けますし、手を動かしているといろいろなアイデアや課題点が浮かんできて思考の幅が広がります。ただし、これも人それぞれだと思いますので、自分の好きなやり方でOKです。

良いビジネスモデルの定義

具体的なビジネスモデルをつくる前に、何が良いビジネスモデルなのかを定義しておきます。スモールビジネスにおける良いビジネスモデルとは「利他の精神をもつビジネスモデル」と考えています。ここでいう利他とは、「自分だけではなく、自分以外の相手にも得してもらおう」という精神のことです。

ビジネスが持続的に成長するためには、商品サービスを提供する自社（売り手）、それを購入してくれる顧客（買い手）、その事業活動の基盤となる地域社会の存在が欠かせず、この考え方は、昔から「三方良し」の心得として広まっています。これが今は自社を取り巻くステークホルダーや地球環境（地域環境）に至るまで、あらゆる方面においても良いビジネスであることが求められています。

この考え方はすべての企業に通じることですが、スモールビジネスは顧客や地域との距離が近いので、利他の精神が特に大切になります。身も蓋もないことを言いますが、べつに完成度の高いビジネスモデルがなくても人や地域から愛されて順調な経営をしている事業者もたくさんいます。相手が自分のことを大切に思っていたら、やっぱりありがたいと思うわけで、そのような人と人との良好な関係が目に見えてビジネスに反映されるのがスモールビジネスです。資本主義の考え方は絶対的に正しいですが、すべてをドライに割り切るのではなく相手のニーズに柔軟に寄り添いながらビジネスを進めていきましょう。スモールビジネスは顧客が無限にいるわけではないので、顧客や地域に支持されないビジネスは長続きしません。そのため、これから行うフレームワークも機械的な穴埋め作

図表５ ビジネスモデルの作成ステップ

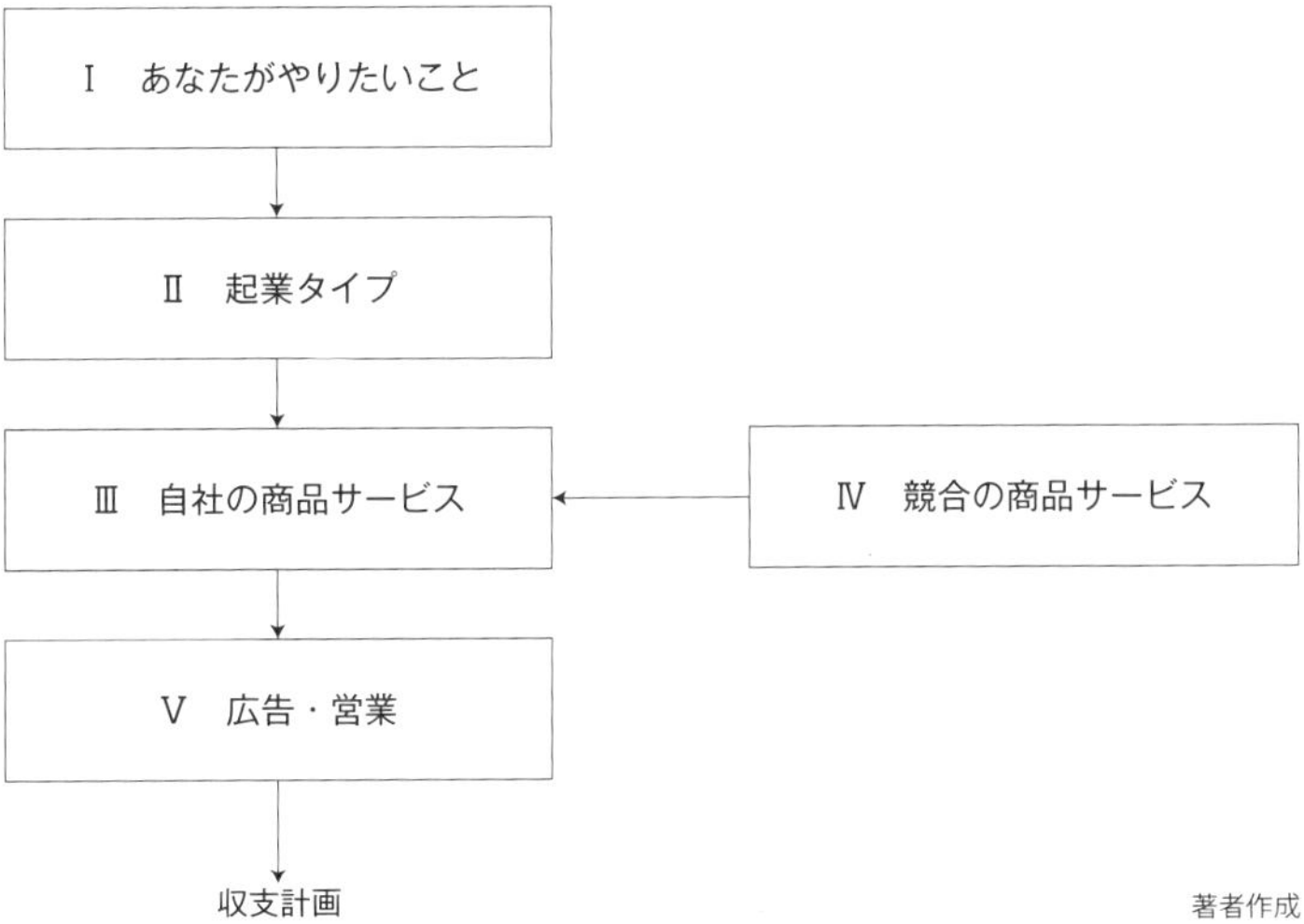

著者作成

業に終始することなく、利他の精神をもって考えましょう。

このことを念頭に、さっそくビジネスモデルをつくってみましょう。図表５の「ビジネスモデルの作成ステップ」は、考える視点とともに考える５つの項目の順番を示しています。なお、順番は示していますが、一方通行ではなく、行き詰まったら前のステップに戻って考えてみるなど行ったり来たりして考えましょう。しつこく話していますが、このステップも、あくまで考えるきっかけに過ぎないことを忘れないでください。

―1― ビジネスの仕組みをつくろう

I あなたが本当にやりたいことを見つけよう

このビジネスモデルの作成ステップは「あなたが本当にやりたいこと」を見つけることから始まります。スモールビジネスを起業するとき、あなたのやりたいことが、あなたのビジネスになっていることが絶対条件です。「そんなの当たり前じゃないか」と思った人は大丈夫でしょう。でも「自分のやりたいことからスタートしていいの?」、と疑問に思った人は危険です。

大企業や中堅企業に勤めていた人によく見られる思考の癖があります。それは、大きな会社に勤めていた人ほど、ビジネスの仕組みをつくるときに「マーケット」からスタートすることです。つまり、起業したときに顧客がどのぐらい獲得できるのかという顧客セグメント・マーケットシェアの考え方が出発点となっています。大きな売上を獲得することが至上命令である大企業や中堅企業ならば、マーケットのないところで勝負するわけにはいかないのでマーケットからスタートするのは当然でしょう。同様に、市場規模の大きな領域で起業するベンチャーや系列もマーケットからスタートしてもいいでしょう。しかし、スモールビジネスは違います。

市場規模の大きい領域で起業するベンチャーや系列は「組織」で戦います。起業家個人の想いと組織の運営方針が合致すれば最高ですが、合致しなければ組織の運営方針が優先されます。起業家一人で回せる仕事量ではないので、組織全体で最もパフォーマンスが上がる方法を選択しなければならないからです。一方、市場規模の小さいスモールビジネスの領域では、起業当初は起業家のワンマン経営で仕事を回していかざるを得ません。起業家本人のやる気=ビジネスの推進力となるので、起業家個人の想いとつながったビジネスであるのが絶対条件です。スモールビジネスでは、組織づくりのような一種のテクニカルなスキルよりも、「人の助けになりたい」、「人に喜んでもらいたい」といった起業家個人の情熱や使命感のようなエネルギーのほうが重要になります。

つまり、スモールビジネスにおいて、このビジネスは儲かるのか、どんなビジネスを始めれば儲かるのか、といったことで悩む必要はありません。自分のやりたいビジネスであれば儲かると思いますし、自分のやりたいビジネスでなければ儲からないので考えるだけ時間がもったいないです。たとえ市場が拡大していても、自分のやりたいビジネスでないのであれば、やるべきではありません。


第1章のケーススタディ2の起業家のケースでは、自分のやりたいことが「脱毛サロン」ではありませんでした。マーケットからスタートして脱毛ブームが来ていることを感じ取り、これから脱毛サロンを開店すれば儲かるという算段で起業しました。

この起業家のいちばんの問題は、スモールビジネスでありながら、自分のやりたいことがビジネスになっていなかったことです。大企業や中堅企業に勤めている人は基本的に能力が高くて器用なので、何でもできてしまいます。何でもできるからこそ「自分のできること×儲かること」の思考で起業しがちです。ビジネスを推進していくには莫大なエネルギーが必要で、そのエネルギーは起業家個人の情熱や使命感から生み出されます。小手先で起業すると、どこか他人事で、起業に失敗はつきものなのに壁を乗り越えられず簡単に諦めてしまいます。自分が立ち上げたビジネスにこだわりがないから、忍耐力や我慢強さもありません。

忍耐強く頑張れば好転しそうなケースでも早々に諦めて撤退するケースは、もう数え切れないほどあります。「自分のできること×儲かること」ではなく、「自分のやりたいこと×儲かること」で起業しないとスモールビジネスは長続きしません。自分のやりたいことの強度としては強いほうがいいに決まっていますが、たとえビジネスがうまくいかなくても頑張れるぐらいのやりたいことから選ぶのが大切です。

自分のやりたいことは、やはり自分と語り合って見つけてもらうしかありません。一時のブームでもフランチャイズでも、それが自分のやりたいことなら何も問題ありません。自分に嘘はつけませんので、もう一度、自分が何をしたいか自分と対話し、自分のやりたいことを見つけてください。

Ⅱ　起業タイプを確認し、特徴を知ろう

Ⅰの「やりたいこと」が見えると、どのような商品サービスを誰に提供するか、どんな展望をもっているか（3～5年後までに達成したいことなど）も漠然とイメージできるはずです。まずは、第2章で述べた四つの起業タイプから、自分がどのタイプに当てはまるのか、起業タイプの特徴を把握しておきましょう。あれこれやってみたい商品サービスがあると思いますが、最も売上高構成比が高いと思われるメインのビジネスを基準に起業タイプを考えましょう。

系列タイプの人は本書を手に取っていないと仮定して、起業タイプを次の4パターンに分類します。

A　生業タイプ

B　ニッチタイプ

C　生業にもニッチにもなり得る（もしくはどちらか分からない）

Ｄ　ニッチにもベンチャーにもなり得る（もしくはどちらか分からない）

このタイプだからこうしなければならない、というルールはありませんが、次のようなことを意識するとまとまりやすいと思います。

生業タイプのビジネスの仕組みづくり（ＡとＣ）

生業タイプの場合は、ニーズが顕在化しているビジネスなので、すでに同じようなビジネスをしている同業者が多いはずです。同業者が多く競争は激しいですが、そのなかでも利益を出している同業者は当然います。そのため生業タイプは、その儲かっている同業者のビジネスモデルを模倣（追随）することが最も有効となります。模倣できる同業者がいれば、一から仕組みを考えてつくる必要はありません。「新しいビジネスモデルを自分でつくりたい」と思うかもしれませんが、それは起業が軌道に乗ってから試してみましょう。

このときに問題になるのは、「どうやって儲かっているビジネスモデルを見つけるのか」ということです。結論からいえば、外から見つけることはできないので、自分で経験するしかありません。例えば前の勤務先と同じ業種で起業するなら、前職のビジネスモデルを模倣すればいいでしょう。前職が儲かっていなければ、このようなメニューをつくって、このぐらいの価格で、こうやって広告・営業すれば儲けることができるといった算段はつくと思います。前職でヒラ社員だったのか、管理者だったのかの経験値の差で模倣の精度も異なるはずです。生業は同業者が多く、同業者と顧客を奪い合う構図となるので、実務経験のない素人が生業で起業すると経営ノウハウをもっている同業者に勝つことが難しくなります。

実務経験がない場合は、フランチャイズに加盟するか、起業を先延ばしして起業したい業種の事業所で修業するか、豊富な資金を準備して企業余命を十分に確保したうえで見よう見まねで起業するかのいずれかになると思います。ケーススタディ2のように従業員に経験者を雇ってオーナー経営のように起業する方法もできなくはないですが、従業員1人分のパフォーマンスで、自分と従業員の2人が食べていける利益を確保しなければならないので、同業者と比べて価格が高かったり商品サービスが不十分であったりと下位互換になりがちです。また、従業員がやめるとビジネスが継続できなくなるリスクも抱えてしまいます。このように、生業タイプにおいては「実務経験」があるかないかによって、ビジネスの仕組みの組み立て方が変わることになります。

ニッチタイプのビジネスの仕組みづくり（BとCとD）

ニッチタイプは、ニーズが潜在化している（もしくはニーズが少ない）状態です。模倣対象となる同業者はいない（もしくは極めて少ない）ため、一からビジネスモデルの仕組みをつくることになります。次のステップⅢへと進み、商品サービス、ターゲットの検討を進めましょう。

また、ケーススタディ4のアドアフィリエイトを専門にした広告会社のように、ニッチか生業か判断できない場合は、前職のビジネスモデルが模倣できるなら模倣し、模倣できなければ次のステップⅢへと進みましょう。

ここで最も注意したいのは、ベンチャーだと考えていたが、実はニッチだったというケースです。ニッチとベンチャーは非常に誤認しやすいので、ベンチャーで起業することを考えている場合は、組織づくりを始める前に、より詳しく市場規模を調査することをお勧めします。想定するビジネスプランが大きいと組織づくりが先行しがちですが、客観的に見ればアプローチできるターゲットが少なく市場規模が小さかったといったケースは散見されます。

ケーススタディ3の研究者チームのように、自分たちはベンチャーと誤認して先にチームを組んでしまい、オフィスを借りたり事務員を雇ったりすると、いざ蓋を開けてみたらニッチだったというときに非常に苦しくなります。資金調達が難しくなり、商品の量産化ができないので売上も見込めず、企業を維持するほどに損失が膨らむ状況に陥ります。仮に資金調達に成功したとしても、ニッチのわずかな利益をチームで分配することとなり、十分な報酬が見込めず、チーム内で仲違いをする可能性もあります。このようなケースでは早々に話し合って別々の道を歩むほうがいいかもしれません。

Ⅲ　誰に何を売るのかを大まかに決めよう

ステップⅠの「やりたいこと」が見えると、どのような商品サービスを誰に売りたいか、ぼんやりとイメージできると思います。

もし商品サービスをぼんやりでもイメージできていない場合は、再度ステップⅠに戻って自分との対話を重ねましょう。ちなみに、「なぜ起業をするのか」、「どんなビジネスをすれば儲かるのか」を考えるのではありません。自分は「何がやりたいのか」を突き詰めてください。

顧客ニーズを考えよう

職人気質の人にありがちな思考の癖ですが、「良いものを作れば売れる」と考えている人はわりと多くいます。良いものを作れば売れるのは間違いありません。しかし、その良いものとは、誰にとって良いものなのでしょうか？

もちろん良いものとは、自分にとっての良いものではなく、お金を払ってくれる顧客にとって良いものでなければなりません。顧客にとっての良いものを、起業家の頭のなかだけで考えていても答えは出ないので、できる限り客観的に顧客ニーズを想定して商品サービスを作るとよいです。

顧客ニーズを把握する手法はたくさんあります。インターネットで検索すればライバル会社の商品サービスの口コミを調べることは容易です。そこから顧客がどのようなことに喜び、どんな不満をもっているのか知ることができます。また、どのようなことがニュースになっているのか、どのようなキーワードが検索されているのか、どのような商品サービスが話題となっているのかなども今は簡単に調べることができます。また、インターネットに頼らなくても、人と人とのコミュニケーションから察したり、人の言動を観察したり、さまざまなシーンでニーズを想定できる機会はたくさんあります。

ただし、このような手法論ももちろん大切ですが、もっと大切なのは、やはり利他の精神です。「この人に喜んでもらうには、どんな商品サービスがあればいいだろうか」、「このような人に役立つ商品サービスとは、どのようなものだろうか」という心がなければ、顧客にとっての良いものは生まれません。生業もニッチも決して顧客が多いわけではないので、顧客がリピーターとなってくれるような商品サービスをつくることを心掛けましょう。

顧客を具体的にイメージする

顧客を具体的にイメージしなければ、顧客にとっての良いものを考えるのは難しいでしょう。たとえば、何歳くらいの人が買いそうなのか、男性なのか女性なのか、会社員なのか専業主婦なのか学生なのか、どのような目的をもっているのか、どのような経路で買いに来るのかといったことです。これはＢ to Ｂ（事業者と取引するビジネス）でもＢ to Ｃ（消費者と取引するビジネス）でも基本的に変わりません。

製造業、建設業、運送業、システム受託開発業、ビル清掃業といったＢ to Ｂで起業する場合は、起業当初から顧客が確定しているケースが大半です（逆に、確定顧客がいなければ、起業のタイミングを再検討したほうがいいかもしれません）。したがって、顧客を具体的にイメージする必要があるのは、BtoCのビジネスモデルとなります。

顧客を具体的にイメージする手法として、「顧客セグメンテーション」という考え方があります。顧客セグメンテーションとは、ある共通点に基づいて顧客をグループ分けすることで、その切り口には次のようなものがあります。

●顧客のプロフィール……年齢、性別、家族構成、職業、国籍、学歴、年収など
●顧客の価値観や嗜好……高級志向、健康志向、安定志向、本物志向、激辛志向など
●地理上の特性……国、地域、人口、交通の便、気候、文化、習慣など

このような切り口を参考に、顧客をセグメントして具体的に顧客像をイメージし、その顧客がどのようなニーズをもっているか考えます。起業はこのようなイメージの連続ですので想像力は非常に大事です。

大切なことは、顧客を「20歳から60歳までの男女がターゲット」など網羅的にとらえるのではなく、メインターゲットを想定して「A駅の近くに住んでいる×高級志向×30

～40代の女性」など複数の切り口を掛け算して的を絞ることです。網羅的に20歳から60歳までの男女をターゲットとしていると、たとえば20歳から30歳をターゲットとしたビジネス、20歳から60歳までの男性のみをターゲットとしたビジネスなど、より的を絞っているライバル会社に負けてしまいます。網羅的に顧客をとらえると、顧客をセグメントする意味も薄れますので、顧客像は具体的にイメージしましょう。

商品サービスを形にしよう

顧客を具体的にイメージし、利他の精神をもって、その顧客に提供する商品サービスを形にしましょう。

商品サービスを形にする一般的な方法として、まずライバル会社に負けない「ビジネスの顔となるメインの商品サービス」を設定します。それを中心にして価格の高い上位モデル、価格の安い下位モデルをつくり縦の階層をつくります。同時に、それとセット販売できるような相性の良い商品サービスをつくり横の展開をつくります。ただし、これはあくまで一例で、画一的な決まりはありません。
商品サービスが売れるかどうかは品質や価格だけではなく、すぐに手に入るか、購入方法が煩雑ではないか、購入によってポイントがたまるか、アフターサービスは充実しているかなど納期や販売条件などにも大きく影響します。そのため、商品サービスを形にするときは、このような売り方についても検討するといいでしょう。

生業の商品サービス　ニーズが顕在化しているので、商品サービスが大外れすることは滅多にありません。カフェだったらコーヒー、美容サロンだったらカットやカラー、訪問介護だったら生活援助や身体介護など、それぞれの業種で核となる商品サービスはある程度決まっています。そのなかでビジネスの顔となるメインの商品サービスを決めていくことになります。

ニッチの商品サービス　潜在ニーズをターゲットとするニッチは、どうしても「出たとこ勝負」の要素が生じてしまいます。この要素を完全に取り除くことはできませんが、第四章で紹介するクラウドファンディングを活用するなどで、事前にニーズの大きさを測るのも有効な手法でしょう。無償でサンプルとなる商品サービスを提供し、その使用感などをヒアリングして完成品をつくる方法もよく見られるやり方です。

ベンチャーの商品サービス　模倣が困難な商品サービスであることが必要です。模倣が容易だと、苦労して潜在ニーズを掘り起こしても、ニーズが一般化していくと大企業や中堅企業が新規参入（大企業や中堅企業にとっては系列的起業）してきます。模倣されづらいビジネスというのも難儀ですが、ビジネスのコアとなる部分は秘匿するなど商品サービスの模倣困難性を高める工夫をしましょう。

目線を変えて、BtoB⇅BtoCを検討しよう

通常、起業する業種によってBtoBかBtoCかが決まります。たとえば、製造業、建設業、運送業などは事業者と取引して事業者からお金をもらうBtoBが一般的です。一方、飲食店、美容サロン、小売店などは消費者と取引して消費者からお金をもらうBtoCが一般的です。

では、今、あなたが想定している顧客は、企業（B to B）になるでしょうか、それとも消費者（B to C）になるでしょうか？

おそらく、起業する業種がB to Bであれば企業名を、B to Cであれば消費者となる顧客像を答えるのではないでしょうか。それはそれで間違いではありませんが、目線をガラッと変えてみて、B to BならB to Cの顧客を、B to CならB to Bの顧客を想定できないか検討してみましょう。

Case Study 5

居酒屋のB to B
――企業をターゲットとしたランチ弁当の定期配達で売上が安定

ある起業家が最寄り駅から少し遠い場所で居酒屋を開きましたが、売上が思うように上がりませんでした。営業時間は18時からなので、9〜17時に時間の余裕があります。しかし、ランチ営業をしてしまうと夜の営業の仕込みに支障が出るほか、アルバイトも集まるかどうか分かりません。そこで、目線を変えて店舗の近くの企業をターゲットとし、営業のすえ、ランチ弁当の定期配達契約を結ぶことができました。

自分の顧客は消費者（B to C）という固定観念があれば、企業（B to B）を顧客として見ることはできません。この居酒屋は目線を変えて近隣の企業を顧客として考え、営業のすえ月額契約を結び、毎月安定した売上を立てることができました。また、ランチ弁当でお店のことを知った企業の社員が、夜に居酒屋に来てくれるという宣伝効果もありました。

このランチ弁当の定期配達には、さらに優れた効果もありました。それは、ストック型のビジネスモデルだったということです。ストックビジネスとは、定期的に売上が見込める理想のビジネスモデルで、ストックビジネスの収入があるのとないのとでは経営の安定感がまったく違います。この居酒屋の夜の営業は天候や曜日によって大きく売上が上下していましたが、ランチ弁当の定期配達は月額契約のため、天候や曜日に売上が左右されません。売上の見込みが立つので、計画どおりに食材を仕入れることができ、今後の資金繰りの計算も楽になります。

このケースは、BtoCからBtoBに目線を変えた事例ですが、もちろんBtoBからBtoCへの事例も豊富にあります。例えば、ゼネコンの下請として活動していた屋根工事業者が、消費者をターゲットとして住宅の屋根補修工事をスタートした事例などです。

このように、ただ目線を変えるだけで当初のビジネスモデルが想定以上に広がり、新しい顧客を発見できるかもしれません。

起業家に伝えたいエジソンの名言

発明家であり14の会社を設立した事業家でもあるトーマス・エジソンも挫折や失敗を繰り返しています。エジソンの名言は起業に通じるものが多く、行き詰まったあなたの心を奮い立たせてくれるかもしれません。エジソンの名言といえば「天才とは、1％のひらめきと99％の努力である」が有名ですが、彼はほかにも起業家に役立つ名言を遺しています。本書では、そのうち３つの名言を紹介します。

・私は世界が求めているものを見つけ出す。それから、それを発明するのに前進するのだ。

エジソンにとって発明とは、ただ好奇心のままに進めるものではなく、世間が必要とするもの＝売れるものを生み出すことだったようです。この考え方は現代のマーケティングに通じています。エジソンがマーケティングという概念を知っていたかは分かりませんが、使う相手のことを常に意識していたことは間違いありません。

・もっとうまくやる方法がある。それを探し出せ！

現代生活を支える技術を発明したエジソンでさえも、常に改善の余地を探していました。発明もビジネスもゴールがない点では同じかもしれません。世の中が急速に変化する今は、新しい市場や顧客を開拓するチャンスに溢れています。そのチャンスを逃さないように、もっとうまくやる方法を探してみましょう。

・私たちの最大の弱点は諦めることにある。成功するのに最も確実な方法は、常にもう一回だけ試してみることだ。

エジソンは努力の人ともいわれるほど、発明の成功に向けて実験を繰り返してきました。起業も商品サービスづくりも、何でも順調に進むわけがありません。しかし、もしかしたらたった今、成功する一歩手前まで迫っているのかもしれません。すぐに諦めない忍耐強さは、発明にもビジネスにも大事なことです。

Ⅳ　競合先と比較し自分の強み・特徴を見つけ出そう

多くの起業家が最も苦手としているところが「競合調査」です。競合調査とは、自分のライバルとなる競合会社の商品サービスと比較して、どの点が優れていて、どの点が劣っているのか、客観的に把握する調査です。

自分の強みや特徴というものは絶対的なものではなく、自分以外の競合先と比較して初めて明らかになる相対的なものです。例えば同じ商品であっても、「競合の少ないA

地域で販売すれば強みになるが、競合の多いB地域で販売すれば強みにならない」といったことも当然起こります。

顧客は似たような商品サービスを比較し、そのなかから優先順位が最も高い商品サービスを選択して購入します。そのため、競合先と比較して自分の強みや特徴は必ず把握しておかなければなりません。それが分からなければ、なぜ売れているのか（なぜ売れていないのか）を推測することもできませんし、売れていないときの改善策も考えることができません。そのため、競合の商品サービスと何が違うのか、さまざまな角度から徹底的に調べつくさなければなりません。

仮に競合する商品サービスがまったくないというなら、それは逆に危険かもしれません。その商品サービスのニーズがそもそもないのかもしれませんし、顧客のニーズがあったとしても、儲からないから誰もやっていない可能性もあります。競合する商品サービスがまったく見当たらないなら、ステップⅢに戻り、再度、商品サービスの形づくりをやり直したほうが無難かもしれません。

競合調査力を高めよう

起業家が競合調査を苦手とする理由は2点あります。1点目は、「競合を競合であると認識できていないこと」です。例えば、パスタ専門店を起業してランチ営業をするとします。このパスタ専門店の競合はどこになるでしょうか?

もちろん近隣のパスタ専門店だけが競合ではありません。ランチ営業を行っている焼肉店やラーメン店などの飲食店、自宅から持ってくる弁当さえも競合です。顧客ニーズを「パスタを食べたい」と狭めて考えても、ファミリーレストランも競合になりますし、美味しいパスタ弁当を販売しているスーパーやコンビニエンスストアも競合となります。またパスタのデリバリーもあれば、それも競合です。

とはいうものの、このように競合を調べ出したらキリがないので、競合調査はターゲットを具体的に絞ったあとで、そのターゲットの利用シーンをイメージしてから行ったほうが効果的です。つまり、ステップⅢでターゲットとなる顧客像がなければ、もう一度ステップⅢに戻り具体的な顧客像をイメージする必要があります。なお、飲食店に限らず、すべての業種で考え方は同じです。インターネットが普及している現代は、遠方の事業者でも競合となりますし、場合によっては海外にいる事業者も競合になる可能性があるので、ターゲットの目線で競合先を認定しましょう。

起業家が競合調査を苦手とする理由の2点目は、「どんな項目を比較すればいいか分からないこと」です。何を比較するか決まりはありませんが、少なくともビジネスの顔となる商品サービスの品質や価格は比較しましょう。品質や価格以外にも納期や販売条件（購入方法、アフターサービスなど）なども想定していれば、これらの項目も比較しましょう。また、メインとなる商品サービスだけを比較するのではなく、ビジネス全体（飲食店であれば、席数、営業時間、駐車場の数など）にも目を向けて比較すると、高い精度で優れている点、劣っている点を評価できます。

生業の競合調査　B to Cならば、同じ商圏にいる同業者等を調査しましょう。実際に自分が顧客として同業者の商品サービスを購入して調査するのも有効です。B to B

ならば、相手先が取引している事業者の把握に努めましょう。ＢtoＢは取引相手を１社でも失えば大きく経営が傾いてしまうほどのインパクトが出る可能性もあるので、相手先にとっての自分の重要度は常に気に掛けなければなりません。

ニッチ・ベンチャーの競合調査　自分の商品サービスと類似のものがないかインターネットを使って徹底的に調べ尽くしましょう。仮に類似の商品サービスがない場合は、ニーズそのものが存在しない、ニーズがあっても採算が合わないので誰もやっていないというケースも想定されるため注意が必要です。

競合先と比較したあと、ビジネスの仕組みを見直そう

競合調査の結果、当初想定していたビジネスの仕組みでは十分な売上が見込めそうにないなと感じることがあります。その場合は、無理に起業を進めるのではなく、一度立ち止まってステップⅢに戻り、再び顧客セグメンテーションを実施して、さまざまな視点からターゲットを再考しましょう。

ターゲットの絞り込みはステップⅢで紹介した視点をつかって「A駅の近くに住んでいる×高級志向×30～40代の女性」など、複数の切り口を掛け算して行います。ターゲットと商品サービスは切っても切れない関係にあるので、片方が変われば、もう片方も変わります。

起業では、このⅢとⅣのステップがもっとも苦闘するところで、こつのステップを何度も行き来しながら少しずつビジネスモデルの完成度を高めていきましょう。起業はこのⅢとⅣの精度によって成功か失敗が決まるといっても過言ではありません。

次のページのケーススタディ6は、競合調査をしたあと、当初想定していたビジネスの仕組みを変更して成功した事例です。

Case Study 6

朝6時にオープンする日本料理店
――なぜ早朝から営業することが強みになるのか?

日本料理店で長年修業を積んだ料理人が、大都市の中心地で日本料理店を開くことになりました。ターゲットは近くのオフィスで働く会社員で、少し敷居の高い高級日本料理店を開くことを想定しています。提供する料理のおいしさには自信がありますが、この地域は競争激戦区であり、他店の料理人のレベルも高く他店より明確に優れている点はないように思えました。

ビジネスの仕組みを何度も見直しているうちに、「外国人旅行客」に着目することになりました。外国人旅行客は、朝にホテルをチェックアウトして帰国する前に、もう一度日本らしい料理を堪能したいという潜在ニーズがあるようです。しかし、早朝から開いているのはコンビニエンスストアやファーストフードぐらいで、日本らしい料理を食べられる店は開いていません。次第に料理人に「おいしい日本料理を食べてもらってから帰国してもらいたい」という気持ちが芽生え、出店する地域から飛行機の搭乗までの時間を逆算し、早朝６時にオープンする日本料理店を開店しました。近くのホテルと提携し、早朝から多くの外国人旅行客でにぎわう繁盛店となりました。

この料理人が最初にイメージしていたビジネスの仕組みでは、競合先と比較したときに自分の強み・特徴を見いだすことができませんでした。そのため、顧客セグメンテーションを行い、最終的にターゲットを「帰国前に日本料理を堪能したい早朝にチェックアウトする外国人旅行客」に絞ってビジネスの仕組みを大きく変更しました。このように的を絞ると、ビジネスの仕組みはかなり具体的に進展します。

例えば、帰国前に日本料理を堪能したい外国人旅行客は、①前日までにしっかりと日本料理を堪能している、②早朝であまり空腹ではない、③飛行機の搭乗時間を気にしている、などの具体的な顧客像をイメージすることができます。その結果、提供する料理は本格的なものではなく、短時間で日本を味わえる手軽な日本料理に絞ることができます。また、大きなスーツケースを持って来店してくることが予想できることから、食事席とは別に荷物置き場を用意したほうが喜ばれます。店内レイアウトが決まるので出店場所も決めやすく、高級感を追い求めなくてもいいので当初よりも安い初期投資で出店ができます。このようにターゲットを絞ることで店舗のコンセプトが決まり、自ずと仕込み時間や食材の仕入れ先などの運営方法も決まってきます。

このケースにおいては、当時、早朝からオープンしている日本料理店は存在していなかったので、「外国人旅行客は帰国する前に日本らしい料理を堪能したい」というのは潜在ニーズに過ぎませんでした。そのため、起業タイプはニッチの特徴をもちます。ニッチは融資から敬遠される傾向にありますが、「潜在ニーズがなかった場合は、営業時間を変更することで一般的な日本料理店の生業スタイルに戻ることができる」と主張したことで、金融機関からの信用を勝ち取り、希望した金額の融資を無事に受けることができました。

起業後は、推測したとおり潜在ニーズは存在しており、それを掘り起こして獲得することができ、朝早くから店内には多くの外国人旅行客が詰め掛けることになりました。

旅行客は１人あたりの客単価も高く、夜の営業をしなくても十分に収益を獲得することができました。

自分の強み・特徴は言語化しておこう

自分と競合先の商品サービスを比較したときに、品質や販売条件、企業への信頼度といった「価格以外の要素」で違いが伝わらないと、人は安いほうを購入します。価格以外の要素で違いが分からないので明確に比較できるものが「価格」しかないからです。こうなると、競合先との勝負は価格競争となります。もちろん価格が安くても利益が出るビジネスモデルであれば、あえて価格競争に持ち込んでもいいかもしれません。

しかし、価格競争を望まない場合は、価格以外の要素の違いを説明できない限り、より価格の安い競合先に負けてしまうことになります。違いを説明するためには、強み・特徴を言語化しておかなければなりません。なお、この価格競争を避けるために行うのが、いわゆる差別化戦略と呼ばれるものとなります。

Ⅴ　広告・営業を行ってターゲットへ訴求しよう

いくら良い商品サービスでも、それを認知してもらえないと集客はできません。そのため、起業する前後のタイミングで広告や営業を行うことになります。

広告には大きくオフラインの広告（チラシなど）とオンラインの広告（ＳＮＳ広告など）があり、それぞれに期待できる宣伝効果が違います。営業についてもテレアポやセミナー開催などさまざまな手法があり、広告も営業もやみくもに行うべきではありません。

そのため、広告でも営業でも効果的に行いたいのなら、しっかりとターゲットを絞っておくことが必要です。ターゲットを絞らなければ、ターゲットの心を揺さぶるような広告・営業を行うことはできません。また、ターゲットに競合先との違いを理解してもらうためには言語化が必須です。スモールビジネスは相手との距離が近いので、自分の想いが形になった商品サービスのすばらしさを分かりやすく伝えることができれば、より良好な人間関係も築くことができるでしょう。

このように広告・営業は、ステップⅢとⅣが終わった段階で検討することになります。商品サービスを曖昧にしたまま広告・営業を検討するのではなく、商品サービスがしっかりと形になってから広告・営業をしたほうが効果的です。

なお、補足となりますが、広告・営業を行うときは、商品サービスの購入を決める意思決定権者に訴求するようにしましょう。例えば、子供向けの商品を販売するなら子どもに訴求するのではなく両親に訴求する、経理ソフトを開発して販売するなら経理担当者に訴求するのではなく経理部長に訴求するなどです。意思決定権者にアプローチできなければ、広告・営業そのものが無駄になる恐れもあります。

プル型とプッシュ型の違いを知っておこう

広告や営業を行ううえで知っておきたいのが、プル型・プッシュ型という考え方です。これらを的確に使い分けると効果的な広告・営業ができるようになります。

プル型とは、ネット広告やセミナー開催のように、情報を求めている人のほうから接触してくるのを待つ受動的な手法です。自らインターネットやＳＮＳで知りたい情報を調べることが当たり前となっている今、情報を求めている人が接触しやすい仕掛けをつくることでターゲットからの接触を待ちます。

一方、プッシュ型とは、チラシやテレアポのように一方通行でターゲットに向けて積極的に情報発信をする能動的な手法です。ただし、ターゲットだけにピンポイントでプッシュできるわけではないので、どうしても無駄が発生してしまい、費用も時間も掛かってしまう難点があります。

生業の広告・営業　業種によりますが、生業はニーズが顕在化しているため、ターゲット自身が能動的に動いて情報を求めているケースが多いといえます。そのため、プル型で比較的安価にターゲットを獲得できることも多いです。

ニッチ（ベンチャー）の広告・営業　潜在ニーズは、ターゲット自身が自分のニーズに気づいていないことも多いので、ターゲットへの接触はプッシュ型が有効です。ただし、費用や時間の関係からできる限りプル型を活用したほうがいいのは間違いありません。

2

収支予測をしよう

ビジネスモデルの仕組みができたら、収支予測を行います。収支とは収入と支出のことで、簡単にいえば「売上（収入）と経費（支出）がいくらになるのか予測すること」を行います。

この収支予測は、起業家の能力や性格（楽観や悲観など）に大きく左右されます。また前職で実務経験があるかないかでも差があり、前職で実務経験がある人は的確な結果が出やすい傾向にありますが、未経験の場合は楽観的な収支予測が多くなる傾向にあります。いずれにせよ、結局は自分が望んでいるような収支予測になりがちなので、自分一人で完結させるのはお勧めしません。結論じみた話ですが、第五章で紹介している「頼れる公的機関」に相談に行って、客観的なアドバイスをもらって収支予測をするのが最も堅実だと思います。

とはいえ、自分で収支予測をするのも非常に勉強になります。例えば目標とする年商があったときに、その年商を達成するために必要な一日の客足を計算することになるので、その一日の客足を確保するのに何をすればいいか、どのような商品サービスがあればいいかといった思考につながっていきます。これをきっかけにさらにステップⅢに戻り、再度ステップⅣ、Ⅴと繰り返し考えていくことで、ビジネスモデルの完成度は高まります。

売上を予測する

まずは売上の予測からです。売上は単純に「平均客単価×平均客数」で考えましょう。もちろん平均客単価ではなく商品サービスの平均単価でも構いません。ただし、商品サービスの平均単価を使う場合は、それぞれの単価が大きく異なる場合に少し計算が面倒になるかもしれません。やり方に慣れてきたら、商品サービスごとの単価で細かく計算し

図表６　１日の売上

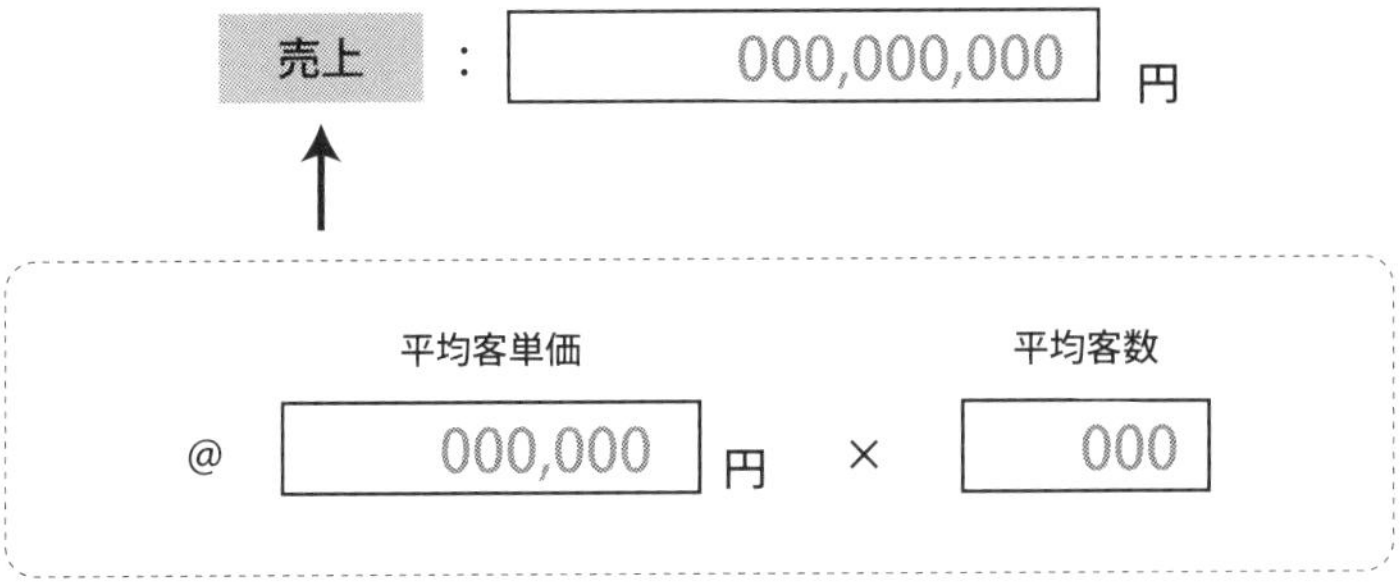

著者作成

てみてもいいでしょう。

平均客数は、1日あたりの客数がいいのか月当たりの客数がいいのか、それは業種によって異なるので、やりやすいほうでかまいません。やり方に慣れてきたら、季節ごと、曜日ごと、時間帯ごとの客足に分解して計算してみてもいいでしょう。もちろん、商品サービスの平均単価に対応して、商品サービスの購入点数で計算してもかまいません。

仮に平均客数を「1日あたりの平均客数」で計算した場合は、その1日あたりの売上×年間の営業日が年商です。また、「1カ月あたりの平均客数」で計算した場合は、その1カ月あたりの売上×12カ月が年商となります。

費用を予測する

費用の予測は細かい話をすると必ずチンプンカンプンになるので、大雑把なやり方で計算しましょう。このやり方をしても、比較的まともに経費を予測することができます。費用を予測するコツとして、次の①②③の順番で計算します。

①まず、人件費と家賃を把握しましょう。どちらも明瞭なので実際の費用に近い数値が出てくると思います。もし法人で起業する場合は、代表者の役員報酬も人件費の中に入れて計算します。

②次に、売上原価が発生するビジネスモデルであれば、売上原価を計算しましょう。売上原価とは商品の仕入れや製造に掛かった費用で、売上の中に占める売上原価の割合を売上原価率といいます。売上原価は予測売上×売上原価率で求めることができます。売上原価率の意味が分かりづらければ、粗利率でもいいです。１００から粗利率を引けば、売上原価率になります。

③最後に公的金融機関の日本政策金融公庫が公表している経営指標から、自分が起業する業種に近い経営指標を探し出し、その「諸経費対売上高比率」を確認しましょう。どの業種も売上に対して20～30％ぐらいの諸経費が発生していると思います。そこで予測売上×諸経費対売上高比率で諸経費を求めます。なお、この諸経費には家賃も含まれているので、合計額から家賃分を引いても構いません。

費用は①②③の合計になるので、結局「人件費＋家賃＋売上原価＋諸経費（家賃を除く）」で計算することになります。

ここで最も伝えたいことは、費用の予測をするときは、自分が予測した費用を単純に積み上げる方式ではダメだということです。積み上げ方式では、自分が認識できる経費しか積み上がらないので、認識できていない経費が存在していれば、費用を過少に予測してしまうことになります。

ここでいう、認識できていない経費（見えていない経費）とは、いわゆる諸経費です。第１章のケーススタディ２のように、諸経費を低く見積もり過ぎると徐々に企業余命が短くなります。諸経費は一つひとつ確認して予測するのは現実的ではないので、売上の20〜30％ぐらいは諸経費が発生すると決めうちで計上していたほうが無難です。ちなみに、諸経費の代表的な経費項目は図表7のとおりです。

売上と費用の差額が利益となる

売上と費用を算出できたら、その差額が利益となります。金融機関の融資を受ける場合は、この利益から毎月の返済額を捻出することになります。個人事業主であれば、金融機関への返済に加え、生活費も利益から捻出することになります。

図表7　諸経費の例

- **消耗品費**…文房具、ファイル、インクカートリッジ、少額備品など
- **通信費**…携帯の通信料や端末料、インターネット通信費など
- **旅費交通費**…電車代、ガソリン代、駐車場代など
- **ＰＣ関連費**…オフィス系のソフト使用料、ネットセキュリティ費用など
- **車両にかかる経費**…車検、メンテナンス費用など
- **支払手数料**…銀行の振込手数料など
- **保険料、顧問料、コンサル料、税金など**
- **清掃費や衛生費**…清掃代やゴミ収集費など（事務系のビジネスでも一般ゴミに出せない、もしくはゴミ処理券が必要なことが多い。別途業者と契約してゴミ収集が必要な場合もある）

著者作成

利益が少なかったり、マイナス（赤字）になってしまうようなら、売上を増やしたり経費を減らしたりして調整することになります。もちろん、数字上だけで調整しても何の意味もないので、ステップⅢでビジネスの仕組みを再設計して本当に実現ができるか検討しなければなりません。簡単でもこうした収支予測を繰り返すことで、ビジネスモデルの完成度はぐっと高まります。

なお、3～5年ぐらいの長期予測をする場合も、基本的に同じ方法で計算します。ただし、起業初期は目まぐるしく事業内容が変わるので、中長期の経営方針は頭にあってしかるべきですが、それを数字に落とし込んでまで予測をする意味はあまりないかもしれません。いずれにせよ、収支予測は一人で行わず、公的機関などに相談することをお勧めします。

完成したビジネスモデルを確認しよう

ひとまずビジネスモデルが完成したら、セルフチェックをしてみましょう。完成度が高いビジネスモデルには図表8の8つの要素が含まれています。

図表8　完成度が高いビジネスモデルの8要素

① 自分の信念や想いと事業計画が紐づいている
② ３〜５年ぐらいの中期的な構想をもっている
③ 起業タイプの特徴を踏まえている
④ 多様なリスクを想定している（少なくとも過剰投資をしていない）
⑤ 諸経費を含め、しっかりと収支予測ができている
⑥ 市場動向・業界動向を知っている
⑦ 競合先と比べて何が優れていて、何が劣っているか知っている
⑧ 起業に関わる基本的な知識が前提となっている

著者作成

なお、⑧の知識については、第4章以降の内容を読めばある程度は身につけることができると思います。一読後、身につけた知識を活かして、もう一度、ビジネスモデルを検討してみましょう。

第4章　【資金調達計画】

融資、出資、クラウドファンディング……

資金調達先ごとの特徴を確認し、最適な資金調達計画を検討する

資金調達は素早く完了させよう

ビジネスモデルが完成したのち、自己資金のみで起業できるならば、第6章の内容を参考に具体的に起業の手続きを進めていいでしょう。融資や出資など外部からの資金調達を受けないと起業できないのであれば、資金をいくら調達する必要があるのか資金調達計画を立てなければなりません。第1章の図表2のとおり、資金調達計画はビジネスモデルと折り合いをつけながら検討し、最終的にビジネスプランを完成させることになります。そのビジネスプランはアウトプットしないと誰にも分からないので、通常は「事業計画書」という形で資金の提供先に提出することになります。

外部からの資金調達が必要な場合は、できる限り素早く資金調達を完了させることが重要です。市場環境はどんどん変わるので、ビジネスモデルが完成してから実際のスタートまでに時間が空くと、それだけビジネスモデルは陳腐化します。また、店舗や事務所を借りている場合は「から家賃」が発生しますし、人を雇っている場合は人件費も発生するので、スタートが遅れるほど状況は悪化してしまいます。

第2章で述べたとおり、起業タイプと資金提供先の関係には相性があります。系列の場合は母体となる既存事業があるので、資金調達にはさほど苦労しないでしょう。ベンチャーは出資と相性が良いので投資会社などに相談しましょう。生業は融資と相性が良いので金融機関に相談しましょう。ニッチは資金調達そのものができないことも珍しくないので、場合によっては生業ビジネスを組み込んだビジネスモデルに再設計し、金融機関が融資しやすいよう工夫することも必要でしょう。

したがって、ベンチャーが金融機関に相談にいったり、生業が投資ファンドを探したりすると資金調達が難航してしまうかもしれません。また、資金提供先に相談した結果、希望の資金調達が実現できないならば、当初のビジネスモデルに固執して時間を無駄にするよりも、早々に見切りをつけてビジネスモデルを再設計したほうが賢明かもしれません。いずれにせよ、ビジネスモデルの完成後は、できる限り素早く資金調達を完了して起業をスタートさせましょう。

1 金融機関から融資を受けるためのポイント

公的な融資制度を利用しよう

起業家への融資の不良債権率は、既存事業者への融資の30倍以上あると噂されています。不良債権率が高いため、民間の金融機関だけでは創業融資に対応することは難しいのが実情です。そのため、国や自治体（都道府県や市区町村）において、起業家の資金調達がスムーズにいくよう公的な融資制度が設けられています。

起業家向けの公的融資制度としてまず候補に挙がるのは、政府系金融機関である日本政策金融公庫の「創業融資」になるでしょう。日本政策金融公庫は起業家や中小企業を支援するために設立された金融機関で、起業家や中小企業に対し、長期かつ低金利の融資を実施しています。株式会社日本政策金融公庫法という法律に基づいて運営されており、国の政策が大きく反映される特徴があります。

地方銀行、信用金庫、信用組合などの民間の金融機関では、信用保証協会の保証を付けて融資を実行する「保証付融資」が行われています。信用保証協会は信用保証協会法に基づいて設立された公的機関で各都道府県に所在しています。借主（起業家）の返済が滞った場合は、借主に代わって金融機関に代位弁済を行うことになるので、民間金融機関にとっては起業家への融資が実行しやすくなります。

また、自治体、金融機関、信用保証協会が連携して融資を行う「制度融資」という仕組みもあります。これは自治体が地域経済の活性化や地域雇用の安定化などを目的に実施しているもので、金融機関に対して融資の貸付資金を一部預けるなどして、信用力が低い起業家でも融資を受けやすいように調整しています。ただし、自治体によって財源の制約があるため、制度融資を行っていない自治体もあります。そのため制度融資に関してはオプションとして考えるほうがいいでしょう。

どの公的融資制度を選べばいいか迷うなら、日本政策金融公庫の創業融資をお勧めします。日本政策金融公庫は沖縄を除く全国に支店があり、制度融資などと比べると審査結果が出るのも早いので最も利用しやすいと思います。なお、貸付金利に関しては、どの制度も大差はありません。

公的融資制度が重視しているポイント

公的融資制度を利用する前に、何が融資のポイントとなっているのか確認しましょう。どの公的融資制度においても、主に図表9の5つの視点で審査が行われています。

①の実務経験は、これまでの職歴と関係あるビジネスで起業するかどうかという視点です。職歴と関係があれば評価され、未経験であれば評価はされません。

②のビジネスプラン（事業計画書）は、ビジネスモデルの

図表9　公的融資制度の審査ポイント

① 実務経験
② ビジネスプラン（事業計画書）
③ 自己資金力
④ 債務観念
⑤ 信用情報

著者作成

完成度と資金調達計画に無理がないかという視点で評価されます。

③は起業時に自己資金をいくら準備しているかという視点です。起業には使わない資金、起業家の資産（不動産など）も評価対象です。

④の債務観念とは、お金のことをしっかり管理できる人間かどうかという視点です。平たくいえば、真面目な人かルーズな人かを評価しています。

⑤信用情報とは、クレジットやローンの契約・申し込みに関する取引情報です。信用情報を確認し、取引事実に問題がないか確認します。

この５項目すべてが評価されれば、融資を受けられるでしょう。このいずれかが評価されない場合は、ほかの項目との兼ね合いで総合的に判断されることになります。

自己資金の必要額と自己資金の範囲

起業に当たり、③自己資金力は非常に重要なポイントです。自己資金については、特に企業家が悩みやすい点が２点あります。

1点目は「いくらぐらいの自己資金を準備すればいいか」という点です。株式投資をしたことのある人であればイメージしやすいと思いますが、どの株を購入するか判断するとき、「自己資本比率」という指標を参考にすると思います。企業の安全性を示す有名な指標で、「全体の資産のうち、返済しなくていい自己資本の割合がどれだけあるか」を示しています。自己資本比率は一般的に30％以上が望ましく、10％以下であれば危険水域と判断されます。起業の話に戻ると、起業するのに必要な資金の合計額（総投資額）の30％以上の自己資金があれば望ましく、10％程度の自己資金で起業すれば危険水域での起業となるので望ましくないことになります。金融機関側の立場でいえば、自己資金は多ければ多いほど安心ですが、30％以上あれば、おおむね安心して融資を実行できるでしょう。なお、「総投資額の10分の1以上の自己資金をもっていること」という融資条件があったとしても、それは最低ラインで満たすべき条件であって、10分の1以上の自己資金があれば融資を受けられるものと考えてはいけません。

2点目は、「何が自己資金として認められるのか」という点です。自己資金とは、簡単にいえば「返済しなくてもいいお金」なので、カードローンなどで借金して手持ち資

図表 10　自己資金として認められるもの・認められないもの

自己資金として認められるもの	自己資金として認められるか判断が分かれるもの	自己資金として認められないもの
◦預貯金口座で貯めた資金 ◦株式や投資信託など有価証券を売却して得た資金 ◦親族からの返済義務のない資金援助 ◦出資者からの出資金 ◦入金された退職金	◦未入金の退職金 ◦すでに開業資金として支出した資金 ◦家族名義の預貯金 ◦知人や友人からの支援金	◦借入した資金（親族からの借入金を含む） ◦タンス預金

著者作成

金としても、それは自己資金ではありません。公的融資制度において、自己資金として認められるもの、認められないものをまとめると、図表10のとおりです。

要するに、出所がはっきりとしている資金は自己資金として認められ、返済しなければならない資金や出所不明の資金は自己資金として認められません。起業時に資金調達を考えている場合は、コツコツと預貯金で貯めるようにしましょう。

返済実績や生活習慣に注意しよう

④債務観念、⑤信用情報も重要なポイントとなります。いずれも、融資をしたときに、しっかりと返済をしてくれる人かどうか、過去の支払実績などを参考に、次のような視点で判断します。

・料金の支払いや返済を延滞していないか

家賃、公共料金、クレジットやローンなどの支払いを決められた期日に支払っているか通帳の履歴や信用情報などから確認します。

信用情報では、本人も覚えていない昔の債務が未払いのまま残っているケースがあり、この未払い債務が原因で融資を受けられないこともあります。本人も未払い債務のことを忘れていて、相手方も督促先が分からないなどで放置されていた場合、事故情報として延々と情報が残ります。こうした未払いの有無は信用情報機関であるＣＩＣ（CREDIT

INFORMATION CENTER）に問い合わせて確認できるので、過去の履歴に自信のない人は事前に問い合わせておきましょう。

・クレジットカードの大量申し込みをしていないか

起業時にクレジットカードの申し込みを複数枚同時に行っていると、手元資金の不足の表れと評価される可能性があります。近年は「ポイ活」と呼ばれるポイント収集を目的にクレジットカードを何枚も申し込んでいる人もいますが、起業時は不必要なクレジットカードの申し込みを控えておきましょう。

・消費者金融からの借入がないか

生活資金でも起業のための資金でも、消費者金融から借入をしていると融資は断られる傾向にあります。過去に生活費として借入した場合でも、借入をしていなければ自己資金で支出していることになるので、現在手元に残っている資金は自己資金といえるのか疑問が残ることになります。

また、起業のための資金として借入した場合でも、消費者金融は一般的に利率が非常に高いので、利率が高いところから資金を借入するという行為自体、お金の管理が甘いという評価につながりかねません。債務観念が低いと判断されると融資にはつながらなくなってしまいます。

公的融資制度の融資審査は厳しいのか？

公的融資制度であっても金融機関が融資することに変わりはありません。金融機関の利益獲得は基本的にローリターンの利息収入（インカムゲイン）となります。審査基準を緩くすれば、返済できない人が増えて金融機関の業績は悪化し、結果として資金を貸し出す際の利率が高くなります。幅広い事業者に低金利で融資できるのは厳しい審査のおかげだともいえます。

そうはいっても、民間金融機関が単独で行う融資よりも基準が緩やかで、前向きに融資を検討してくれることも確かです。しかし、この前向きな融資が起業家にとって必ずしもメリットになるとは限りません。

第1章のケーススタディ2で考えると、①実務経験については、これまでの実務経験とは関係のない未経験のビジネスなので評価はできません。②ビジネスモデルについても、諸経費の予測が不十分で甘い計画だといえます。実務経験があれば、もっと正確に諸経費を予測できたはずですが、未経験であるがゆえに正確に見積もることができませんでした。本来であれば融資を断るような相談ですが、例えば、④債務観念、⑤信用情報に問題がなく、③自己資金について十分な資産があれば、融資が実行されるときがあります。仮に、起業資金とは別に投資信託で運用している資産があったり、本人名義で収益不動産を所有していたりすると、万が一、ビジネスがうまくいかなくても、投資信託や不動産を差し押さえることで返済の見込みが立つと判断できるからです。

結果論ですが、ケーススタディ2の起業家としては融資を断ってくれたほうがよかったでしょう。しかし、うまくいかないと思って起業する人はいませんから、実際に融資を断られていたら腹が立っていたでしょう。金融機関の対応は杓子定規で融通が利かないと感じることが多いと思いますが、融資を受けられなかったときは、その原因を真摯に受け止め、ビジネスモデルを再設計するなどの工夫をしたほうが賢明といえます。

2 投資者から出資を受けるためのポイント

ベンチャー企業に出資するのは誰か

スモールビジネスで出資を受けることはありません。しかし、ごくまれに、ニッチが投資者からの打診を受けてビジネスモデルを再設計し、ベンチャーとして生まれ変わることがあります。そのため、出資についても簡単に触れておきます。

【ベンチャー投資に関わる投資者の種類】

・個人投資家（エンジェル投資家）

基本的には潤沢な資金をもつ富裕層となります。欧米では多くの個人投資家が盛んに有望なベンチャーに投資をしていますが、日本ではごく少数です。個人投資家は、その人の専門分野、価値観などを基準に投資先を決める傾向があります。

・事業会社

製薬会社やシステム開発会社などの事業会社が、自社事業との連携などを目的として出資しています。多額の出資をすると子会社となってしまい好ましくないため、少額で出資するケースが多いといえます。

・ベンチャーキャピタル（ＶＣ）

一定数の投資家から集めた資金を一つにまとめて未上場のベンチャーへ投資を行う投

資ファンドです。エンジェル投資家が少ない日本においては、ベンチャーへの出資の大半はＶＣが担っているといえるでしょう。

どこで出資者と出会うのか

最も一般的な出会い方は、企業、大学、自治体などが主催するビジネスコンテストに参加する方法といえるでしょう。コンテストによって参加資格は異なりますが、そこに参加するベンチャーがさまざまな工程で選抜されたのち、最終的に投資者の前で自社の商品サービスについてプレゼンテーションを行います。この結果、投資者とベンチャーが互いに出資を希望すると出資が成立します。

また、後継者がいない経営者が事業売却をするときに事業を引き継ぐ起業家に対して出資が行われるケースもあります。前経営者から株式を買い取らないと会社は引き継げませんが、株式の買取り資金は高額になることが多いため、投資会社が起業家に出資して事業を引き継がせる仕組みです。投資会社が事業承継案件を大学や社会人などの起業家サークルにもち掛けて経営者を募り、最も会社の価値を上げてくれると期待できる起業家を選抜して出資を行います。

このほか、さほど大きな見返りを求めず、純粋に若者を応援したいという気持ちで出資する個人投資家もいますので、出資に関しては融資ほど決まった型はありません。

出資を受けるときの注意点

出資は株式の売買契約なので、出資を受けた資金について返済義務はありません。しかし、「資金を返済しなくてもいい」という一点に注目して安易に出資を検討してはいけません。出資の対価として株式を譲渡すると、譲渡した分、経営者の株式の持ち分が少なくなり、経営の意思決定の自由がなくなります。大手企業や投資会社が相手なら手続きや株式評価もルールどおりにやっていますが、中小規模の会社や個人から不用意に出資を受けてしまうと、「会社を乗っ取られた！」という事態にも発展します。出資は株式（経営権）の売却であることを肝に銘じておきましょう。

また、投資会社が出資者の場合、会社を急成長させるため、良くも悪くも経営に口を出すことが多くなります。そして、いざ上場や事業売却が成功したとしても巨額の富を得るのは投資会社のほうなので、起業家としては誰のために身を粉にして働いているのか分からないといった葛藤もあるようです。

起業家への出資は段階的に行われる

たとえ株式の価値がハネ上がると期待できるベンチャーであっても、当初から巨額の資金調達を得られるわけではありません。ベンチャー企業が数億円の資金調達に成功したとニュースで報じられることもありますが、一部の例外を除いて事業開始からすぐに巨額の資金を調達できるわけではありません。一般的には500万円ぐらいの少額出資から始まり、段階的に増資が行われるマイルストーン制が採用されます。

マイルストーンとは、プロジェクトの中間目標地点や節目のことを指しています。マイルストーン制が採用された場合、一度に多額の出資は行わず、期間を区切って目標を定め、その達成度に応じて必要な資金を段階的に出資します。マイルストーンは投資会社と話し合いながら設定し、「ここまで達成したら増資をして、次はこの段階の達成を目指す」といった事業拡大の道筋を確認しながら進んでいきます。マイルストーン制は事業開始当初から巨額の出資を受けることができませんが、株式の価値が低いときに多額の出資を受けると多くの株式を失うことになるので、株式の価値が上がった段階で出資を受ける仕組みは起業家にとっても悪い話ではありません。

3 融資希望額の目安はいくら？

スモールビジネスである生業やニッチが資金調達をするとき、ほとんどのケースで融資を利用します。融資の申し込みをするとき、いくら資金を調達したいのか融資の希望額を明確に示さなければなりません。まず融資希望額の目安を計算する必要があります。融資希望額は、起業するのに必要な資金の合計額（総投資額）から、自分で準備した自己資金を引いた差額となります。したがって、融資希望額の目安を知るには、まず「総投資額」がいくら掛かるのかを見定める必要があります。

総投資額は、設備資金と運転資金に分けて考えます。設備資金は建物や機械装置など資産として残るもの、運転資金は人件費や家賃など経費として落ちるものとイメージしておけば間違いないでしょう。

設備資金は、起業するのにどのような設備が必要になるかを洗い出し、業者から見積書を取得しましょう。その見積書の合計額が設備資金となります。このとき、「いくらぐらいの融資を受けられるか分からないのに設備なんて決められないよ」といった意見があります。つまり、融資が決まってから、出店場所を決めたり、購入する設備を決めたりしたいというものです。しかし、これは通用しません。例えば、出店場所が決まっていなければターゲットの獲得見込み数も分かりませんし、家賃がいくら掛かるのかも分かりません。ビジネスモデルは、ビジネスの仕組みと収支予測で構成されているので、ターゲットの獲得見込み数や家賃も分からないということは、収支予測ができていない＝ビジネスモデルの完成度が低いことになります。ただでさえ起業家への融資は不良債権率が高いのに、具体的なビジネスモデルもない相談に対して金融機関が融資することはありません。

第1章の図表2のとおり、資金調達計画はビジネスモデルが完了したあとに行うものです。仮に資金調達が希望額に届かなければ、ビジネスモデルをスモールダウンして再設計し、もう一度資金調達計画を立て直さなければなりません。なお、出店場所についでは賃貸契約まで完了させる必要はなく、借りる予定の場所を基準に検討すれば問題ありません。

運転資金は、現金商売か掛商売かによりますが、大まかにいえば「月商見込み額の6カ月分ほどが上限」と考える金融機関が多いといえます。月商見込み額の6カ月分の運転資金は、たとえ売上が6カ月間ゼロであっても経営を維持できるぐらいの金額となります。いわば企業余命が6カ月ほどとなるので、その期間内で収支が安定するビジネスモデルが融資の対象となるわけです。このようなことからも、金融機関がいかに堅実なビジネスモデルにしか融資をしないのかが分かります。

月商見込み額については、収支予測の売上が基準となります。資金調達に先立ってビジネスモデルをつくらないといけない理由は、収支予測がないと融資審査ができないからです。

さらに、このときに注意しなければならないのは、収支予測と資金調達は表裏一体の関係にあることです。例えば、大きな利益を得られる収支予測をしていて、一方で多額の運転資金の融資を申し込みしていれば、「大きな利益が出る計画なのに、なぜ、こんなに多額の運転資金が必要になるのか」と指摘されます。逆に多くの運転資金の融資を受けようと収支予測の利益額を減らすと、今度は「返済は大丈夫だろうか」という不安を煽ってしまいます。

じゃあどうすればいいのかとなりますが、結局は堅実なビジネスモデルをつくり、過度な融資を希望せず適切な資金調達計画を立てましょう、という回答になります。「一度融資を受けたら追加融資を受けづらいと聞いたので多めに借りておきたい」という意見もありますが、業績が収支予測のとおりに順調に推移していれば、最初の融資の返済中であっても追加融資は可能なので、その点は安心してもいいでしょう。

4 スモールビジネスはスモールスタートが鉄則

系列とベンチャーは市場規模の大きな領域で大きな売上の獲得を目指して起業するので、当然、ビジネスの仕組みも大きくなります。ビジネスの仕組みが大きいので調達する資金も高額です。

一方、生業とニッチは市場規模の小さな領域で活動するため、個人または少人数がほどほどに儲かるだけの売上しか獲得できません。そのため、ビジネスの仕組みも調達する資金も小さくしないと成り立ちません。このバランスが崩れ、ケーススタディ１のように過剰投資となってしまうと返済に窮してしまうことになります。

起業には失敗がつきものです。必ずなんらかの失敗をすると仮定した場合、多額の初期投資をする判断は好ましくありません。起業がうまくいかずにビジネスモデルを再設計するときも、過剰投資や高額な借入金をしていれば、それは足かせにしかなりません。起業時では設備投資は最低限の水準で見積もり、毎月の経費もできる限り抑えたうえでスタートするほうが堅実です。「起業当初に多額の設備投資をすると破綻しやすい」という話はなかば常識として考えられており、スモールビジネスの起業においては、スモールスタートが鉄則となります。

補足すると、なにも「理想を追い求めてはならない」といっているわけではありません。あくまで起業当初は最低限の設備に抑えて、ビジネスが軌道に乗ったあとに追加の設備投資を検討するというステップを踏んだほうがいいという提案です。ビジネスが軌道に乗れば資金調達も容易になるので、起業時は無理をせず無難なスタートを心掛けましょう。

5 融資や出資以外の資金調達の方法

融資や出資ほど大きな資金調達は期待できませんが、起業前後のちょっとした資金を調達する方法がいくつかあります。それぞれの特徴を知ったうえで、自分にあったものを活用するといいでしょう。

・クラウドファンディング

クラウドファンディングとは、crowd（群衆）とfunding（資金調達）の２つの言葉を合わせた造語で、不特定多数の人が、少額の資金を特定の人や企業に提供することを指しています。近年では、インターネットを通じて多くの募集が行われ、場合によっては数百万から数千万の資金が集まることもあります。

クラウドファンディングには「購入型クラウドファンディング」「寄付型クラウドファンディング」などさまざまな種類があり、特定の人や企業が主催者となって支援者を募ります。その寄付の募り方には、目標金額以上が集まった場合のみプロジェクトが実施される「All or Nothing 型」と1件でも支援者が集まればプロジェクトが実施される「All in型」があり、通常、主催者がその目的に応じて設定できます。

クラウドファンディングの利用は年々広がっており、幅広い個人や企業が利用しています。新商品の開発のために1億円以上を集めた事例もあれば、飲食店の存続を呼び掛けたところ公開1日で目標金額の300万円を集めた事例もあり、まとまった資金を得られることもあります。

クラウドファンディングを成功させるためには、魅力的な募集ページの作成、支援されやすいリターンの設定、SNSの効果的な活用といった戦略も必要といわれます。このほか、うまく活用すれば資金調達に加えてSNSでの拡散などによる宣伝効果も期待できます。そのため、近年では資金調達目的というよりもマーケティングのための手法の一つとして活用している企業が大半です。宣伝効果を得ながら資金調達を行える魅力的な手法なので、選択肢の一つとして覚えておきましょう。

・解約返戻金

少額の資金調達でも起業がスタートできる場合は、解約返戻金が活用できないか調べてみましょう。解約返戻金とは、保険や共済の契約者がその契約を解除した際に受け取ることができるお金です。一般的に、終身保険、養老保険など積立型の保険や共済には解約返戻金が設定されています。

起業後においても、経営者や役員を被保険者として契約し、資金が不足した場合に保険を解約して資金を調達するという手法は中小企業においてよく用いられています。人的資本が少ない中小事業者にとっては経営者や役員の死亡リスクなどを保険で保障しながら資金の積立もできるため利用価値はあるでしょう。一方で、近年の積立型保険は最終的に元本割れするケースが多いことから、安易な活用はできないという難点もあります。

保険はあくまで企業が遭遇するリスクに対するお守りとしての役割であると考えるとともに、どのような仕組みで運用されている保険商品なのかをよく理解して選択することが必要です。この点を理解すれば、企業の運営が好調なときにメリットを享受しながら、いざというときの資金調達先として活用をすることができます。

・補助金や助成金

補助金や助成金は税金などの公金が原資となっており、返済不要の資金となるので積極的に活用すべきです。しかし、補助金や助成金の性格上、起業のスタート時には受け取ることができません。そのため、資金調達計画に組み入れることはできませんが、起業後の資金調達手段としては非常に有効です。

・ファクタリング

ファクタリングとは売掛金（売掛債権）を売却して資金を得る手法のことで、掛商売をするビジネスモデルの場合に選択肢として考えられます。補助金や助成金と同様、起業後の資金調達手段の一つとなります。

例えば、ある売掛金の回収日が三カ月後であった場合、その回収までの期間で人件費や仕入れ代が不足するとき、売掛金をファクタリング業者に売却することで、その売却資金を人件費や仕入れ代などの支払いに充てることができます。売掛金を短期間で回収することができる一方、一定の手数料が引かれてしまうため、得られる金額は当初の売掛金より少なくなります。

ファクタリングのメリットとしては、銀行などからの借入金を増やさずに資金調達ができること、担保や保証人が不要であること、早く資金調達ができること、事業状況が悪くとも利用できることなどが挙げられます。デメリットは手数料が差し引かれて手取りが少なくなることです。そのため、ファクタリングは当座の資金ショートを乗り切るための手法として活用し、日常的には使わないようにしましょう。

第5章　【公的支援の活用】

補助金や助成金、税制優遇、

低金利での融資利用

煩雑な手続きをクリアすれば、民間よりも有利な資金調達も

1 公的なビジネス支援制度を活用しよう

公的支援は公的融資制度だけにとどまりません。特に国内企業の約99％、雇用の約70％を占める中小事業者は日本経済を支える根幹と考えられているため、補助金や助成金、税制優遇制度などさまざまな公的支援が充実しています。

起業後はこれらの支援制度をうまくキャッチして効率的に活用したほうがいいのは間違いありませんが、実際に活用できている中小事業者は多くありません。その理由は、公的支援制度のルールが複雑なうえ、多くの書類を提出する必要があり、中小企業の人的リソースでは対処しきれないためです。これは非常にもったいない話ですし、これでは力のある企業との格差が広がっていくばかりです。

公的な支援制度は、中小事業者のグローバル化やＩＴ化など、中小事業者の人的・資金的リソースでは対応しづらい難題を支援するものが大半です。確かにルールが複雑で書類も多いのですが、その支援制度をうまく活用することで、よりパワフルな企業に大化けするケースも少なくありません。ビジネスを長く続け、安定的に売上や利益を増やしていくためにも公的な支援制度を積極的に活用してみましょう。

2
頼れる公的機関

国や自治体の支援制度は数が多く、自分に適しているものか分かりづらいです。また、一つひとつの内容が複雑で理解が難しく、書類の準備に手間取ることも少なくありません。これらを経営者が把握するのは難しいため、国や自治体は中小企業支援のための公的機関を各地域に設置しています。そこの公的機関に相談すれば、ビジネスについてのアドバイスはもちろんのこと、国や自治体が実施している各種支援制度について基本的なガイダンスを受けることができます。

中小事業者が気軽に相談できる公的機関として、本書では「商工会議所・商工会」、「よろず支援拠点」、「自治体の運営する支援機関」の3つを紹介します。

商工会議所・商工会

商工業の発展を目的として地域ごとに設立されている公的機関です。日本国内の地域は商工会議所もしくは商工会のどちらかに所属しています。もともとは地域の商工業者の助け合いを目的に設立された組織で行政機関とは異なりますが、国の政策として中小企業の育成が重要視されるなか国からの財政補助を受けるようになりました。このため、地域のビジネスを活性化するための取組だけでなく、一部の補助金の事務局としての役割も果たしています。

商工会議所・商工会は中小事業者に対して非常に幅広いサービスを提供しています。

図表 11　商工会議所・商工会が手掛ける主なサービスの例

- 経営相談
- 資金調達
- 取引拡大（商談会・展示会・交流会など）
- ＰＲサポート
- 共済制度
- 福利厚生支援
- 人材採用支援
- 研修・講座の開催
- 検定試験の実施
- 証明書などの取得
- 貸しホール・会議室の提供　ほか

著者作成

利用料も無料もしくは安価であることが多いことから、起業して間もない中小事業者にとっては使いやすく役立つものが多いと思います。

商工会議所・商工会の会員として入会した企業のみ利用できるサービスもありますが、会員にならなくても利用できるサービスもあります。また、商工会議所・商工会は各地域に根差したビジネス活動を支援しているため、各地域で募集されている補助金や助成金についても把握しています。自分の地域で募集されている補助金・助成金や自分に適した補助金の情報を得たいと思ったときは、まずは商工会議所・商工会に相談してみるのもいいでしょう。

さらに、商工会議所・商工会との付き合いはビジネスを展開するうえでも大きな力になります。特に商圏が限定されやすい生業においては、人脈が広がったり、さまざまな地域イベントに参加できたり、地域の有益な情報が入手できたりとメリットも多いです。会費も安価だと思いますので積極的に活用しましょう。

よろず支援拠点

国が全国の都道府県に1カ所ずつ設置した中小事業者のための経営相談所がよろず支援拠点です。２０１４年に設置された比較的新しい機関で、「よろず」の名のとおり中小事業者のどんな相談でも無料で受け付けています。

商工会議所・商工会が地域に密着したサポートであるのに対し、よろず支援拠点はビジネス全般に関する相談に対応することができます。このため、商工会議所・商工会で

図表12　よろず支援拠点への主な相談内容

- ◦売上拡大
- ◦経営改善・事業再生
- ◦起業（創業）
- ◦事業承継
- ◦廃業
- ◦再チャレンジ　など

著者作成

は専門的に対応することが難しい相談でも、よろず支援拠点であれば専門知識をもった相談員が対応できるかもしれません。

よろず支援機関に所属する相談員は人員の異動が少ないため、ある程度固定された専門家が地域で得た知見を織り交ぜながら総合的なアドバイスを実施しています。生業だけではなく、ニッチやベンチャーの一歩踏み込んだ計画でも対応は可能でしょう。深いアドバイスを得たいときは、よろず支援拠点の利用を検討しましょう。

比較的新しい機関なので知名度が低いですが、年会費を支払って会員になる必要もなく、無料でアドバイスが受けられる有用な窓口であるため、うまく活用できれば大きな力となるはずです。

自治体が運営する支援機関

商工会議所・商工会やよろず支援機関とは別に、各自治体が独自に運営する支援機関もあります。例えば東京の中小企業振興公社、大阪の大阪産業創造館がこれに当たります。各機関の目的は自治体の方針によって異なり、中小企業振興公社は東京都の経済活性を目的として経営相談や助成金事業を実施しています。大阪産業創造館は中小企業とベンチャー企業の支援拠点としての役割を果たすなど、経営力強化や起業支援などに力を入れています。

中小企業振興公社と大阪産業創造館に限っていえば、経営相談を受け付ける担当者が外部の専門家であるということです。弁護士、中小企業診断士、ＩＴコーディネーター、公認会計士、税理士などの専門家と契約しており、管轄内の事業者であれば原則無料で各専門家からアドバイスを受けることができます。

各自治体にも同様の機能をもつ支援機関がありますが、その取組については地域によってさまざまです。特に起業支援については力の入れ方に差異があり、各地域の政策や財源などに応じて温度差があります。自分が居住している地域の自治体に問い合わせて支援機関の有無について確認しておくとよいです。

3 補助金や助成金を活用しよう

公的機関への経営相談と並行して活用したいのが、国や自治体が実施している補助金や助成金の活用です。国や自治体か政策を推進するために充てられた予算なので何でも自由に使えるわけではありませんが、返済不要の資金となるので積極的に活用すべきでしょう。ただし、補助金や助成金は独特なルールがあるので、内容をよく理解しておく必要があります。

「補助金」と「助成金」は何が違う？

補助金と助成金は何が違うのかと疑問に思う人も多いと思います。実は、その名称についてては厳密な定義やルールがなく、どちらも同じ意味で使われています。ただ、国が管轄する「補助金」「助成金」については、目的や予算によって名称が使い分けられています。

・国の補助金

補助金は経済産業省などで使われる名称で「経営」に関する資金が支給されます。補助金を申請するためには、事業計画書を作成して提出します。募集ごとに予算が決められているため、評価の高い事業計画書から採択され、予算が尽きた時点で打ち切りとなります。そのため、自分よりも優れた事業計画を提出した事業者が多い場合は、申請要件に該当したとしても不採択となり補助金を受け取ることができません。また、申請できるタイミングが限られており、そのタイミングを逃すと次の募集のタイミングまで申請できなくなります。

・国の助成金

助成金は厚生労働省で使われる名称で「雇用や職場環境の改善」など、従業員に有益な取組に関する資金が支給されます。国の補助金とは異なり申請要件を満たしていれば、ほぼ全員に支給されます。また、通年でいつでも申請することができ、申請のタイミングなどは気にしなくても大丈夫です。

・自治体が実施する「補助金」「助成金」

自治体（都道府県・市区町村）が実施する補助金や助成金も数多くあります。自治体が実施する補助金や助成金は、国の補助金と同じ意味で運用されることが多く、事業計画書を提出して高い評価を得た事業者に支給されます。「助成金」という名称を使っていても「経営」に関する資金であることが大半で、自治体によって名称の使い方も異なっており、厳密な使い分けはされていません。

補助金・助成金の申請方法

補助金や助成金は国や自治体の政策にマッチした取組を支援するものなので、その政策にマッチした取組を行うことを事業計画書等に記載します。また、申請を行うには、各補助金・助成金の申請の手引きをよく読み、定められた手続きを行ったうえで申請しなければなりません。

とはいえ、補助金も助成金も大まかには似たような流れで進みますので、次の事例を参考にイメージをつかみましょう。なお、事例は国の補助金を想定しています。

【申請】

①新規顧客を獲得するため、新しい機械を購入する事業計画を立てる
②新しい機械の購入金額を見積もり、補助対象経費として事業計画書を作成する
③決算書などの必要書類とともに、①と②の書類を補助金事務局に提出する

【採択】

④採択結果（合格・不合格）が発表される

【補助事業の実施】

⑤提出した事業計画に沿って、決められた期間内に新しい機械を購入する

【実績報告書の提出】

⑥新しい機械を購入した証拠となる書類とともに実績報告書を事務局に提出する

【確定審査】

⑦実績報告書や証拠書類を事務局が審査して確定する。内容に不備があった場合は申請者に連絡があり、書類の修正や追加資料の提出を求められる

【精算払い請求】

⑧補助金額が確定されたあと、補助金事務局に精算払いの請求を行う

【補助金の入金】

⑨指定した口座に補助金が振り込まれる

【年次報告】

⑩補助金を受け取って1年から5年の間、補助金事務局に経過報告を行う

このように、申請から入金されるまで多くの手続きがあり、補助金・助成金の対象となる経費（今回の場合は「新しい機械」が補助対象経費）も、それぞれ細かく要件が決められています。融資や出資などと違い、自由に使える資金ではないことをよく認識したうえで活用する必要があります。

補助金・助成金の探し方

使いみちに制約が多い補助金・助成金ですが、現在はさまざまな補助金・助成金が公募されており、以前よりもメニューが多くなっています。公募される補助金・助成金は時代の流れ、政策の目的などによって年々変化しますが、図表13に示している目的例のようにビジネスの推進に役立つものばかりです。

補助金・助成金の探し方としてけ、まずはインターネットで網羅的に検索しましょう。先ほど紹介した「頼れる公的機関」に問い合わせてみるのもいいですし、中小企業基盤整備機構（中小機構）が運営する「J-Net21」などでは補助金情報のメルマガ登録もできるので、このメ

図表 13　近年の補助金・助成金の目的例

◦新規事業や販売促進、販路開拓の補助
◦従業員の雇用維持や待遇改善への助成
◦ＩＴ化による業務効率化への補助
◦コロナ禍を受けた事業転換への補助
◦海外展開事業への補助
◦特許取得のための補助
◦事業承継に伴う事業再編・事業統合への補助

著者作成

ルマガを活用するのも有効です。補助金・助成金の情報をまとめたウェブサイトもありますが、中小企業基盤機構などのメルマガ情報と大差はないため、インターネットで自分で調べたほうが確実かもしれません。特に自治体が実施する補助金や助成金は募集期間が短いため、タイミングを逃すと申請ができなくなってしまいます。広くアンテナを張って情報を収集しましょう。

補助金・助成金を活用するときの注意点

補助金・助成金には独特なルールがあるので、次の注意点を事前によく理解したうえで活用しましょう。補助金・助成金を申請するにも相応の労力がかかるので、活用のしかたを誤ると、コストパフォーマンスが悪くなってしまいます。

【補助金・助成金活用の注意点】

・計画前に資金を受け取ることができない（後払いである）

補助金・助成金の最も注意すべきことは、資金があとで補助（助成）されるという点です。「補助金・助成金の申請方法」で申請から補助金を受け取るまでの流れを確認しましたが、補助金・助成金を受け取るタイミングは計画を実行したあと（後払い）となります。

つまり、取組を行うための費用は自己資金で立て替えるか、金融機関等から資金を調達しなければなりません。（事例でいうと「新しい機械」は自己資金等で先に購入しなければなりません）補助金・助成金が採択された場合、金融機関は返済の目途が立つので前向きに融資を検討してくれますが、与信限度額が一杯だったり、返済が遅延していたりすると、当然融資は断られてしまいます。そのため、補助金・助成金を申請するときは、事前に資金手当てを考えておく必要があります。

・使った費用の一部しか支給されない

ほとんどの補助金・助成金には補助率（助成率）が定められており、例えば補助率が2分の1、3分の2などと設定されています。これは、使った費用の2分の1、3分の2を上限として支給されることを意味しています。

つまり、使った費用の全額が支給されるわけではないので、一部は自己負担となります。そのため、いらないものを無理に申請する必要はなく、本当に必要なものかどうかをよく検討して活用しなければなりません。

・申請手続きが難解で複雑

補助金・助成金の申請は、慣れていない人にとっては難解で複雑なものです。パンフレットや公募要領を読んでも独特な表現がされていて分かりづらいうえ、ルールに沿って必要書類を作成する事務能力も必要です。申請マニュアルを確認し、コストパフォーマンスが良いか十分に検討してから申請しましょう。

・不採択となる場合がある

労力を掛けて書類を作成しても不採択となる場合があります。特に、支給額が数百万円から数千万円にのぼる大きなものは、準備する書類が非常に多くなり、ライバルも多いため審査も厳しくなります。申請を検討する場合は、いきなり申請書類の作成に取り掛かるのではなく、まず自分が考えている計画の採択可能性が高いかどうか、事前に「頼れる公的機関」に相談してみるのもいいでしょう。

・使いみちが定められている

補助金・助成金の対象になる使いみちについても確認する必要があります。補助金・助成金は、事業計画を達成するために必要な合理的な使いみちにしか支給されず、対象となる使いみちも細かく定められています。使いみちについては、それぞれの補助金・助成金ごとに異なりますので、パンフレットや公募要領をよく読み、事前に確認しておきましょう。

・計画を実行する期間が定められている

多くの補助金・助成金では、取組を行う期間があらかじめ決められています。その期間内で計画が終わらなかったり、逆に期間が開始される前に計画に着手したりすると、補助金・助成金は支給されなくなります。そのため、申請するときには、定められた期間内に終わる計画であるか事前に検討しなければなりません。このようなルールがあるので、今すぐ取組を始めたい場合には不向きといえます。

・計画を実施したことの報告書を提出する必要がある

補助金・助成金は採択（認定）されたあとも大変です。申請した計画に沿って取組を行ったことを実績報告書等に記載して提出する必要があり、請求書や納品書などの定められた証拠書類も数多く用意しなければなりません。また、支給額が大きなものは数年にわたり経過報告も必要になります。これらの事務処理に対応できそうかということも申請前に検討しておいたほうがいいでしょう。

・購入した設備は定められた期間、廃棄できない

原則として、補助金・助成金で購入した設備は、定められた期間、廃棄（転売）することができません。例えば、補助金を活用してリフトなどの大型設備を導入した場合、その大型設備を使わなくなり邪魔になったとしても、その設備を廃棄することはできなくなります。また、定められた期間、廃棄できないということは、その期間内は適切に管理して固定資産税も支払わなければなりません。設備を購入する場合は、すぐに陳腐化しないよう慎重に検討することが必要です。

4
経営力向上計画、経営革新計画の認定を受けよう

補助金や助成金以外に活用できる公的制度として、経営力向上計画や経営革新計画の認定制度があります。これらは中小事業者の経営力向上や新規事業の取組を後押しするための制度で、計画の作成を通じて、ビジネスを計画的に運営できるようにする目的をもっています。

これらの認定を受けると、税額の控除を受けられたり、補助金の申請時に加点評価を受けられたり、低金利融資を受けられたりとさまざまなメリットを享受できます。申請には相応の手間は掛かりますが、従業員が数名の事業者でもたくさん認定を受けているので、ある程度ビジネスが軌道に乗ったあとに認定の取得を検討してみましょう。

経営力向上計画とは？

経営力向上計画とは、人材育成、財務管理、設備投資で生産性を向上させるなど、経営力を向上させる取組についての計画となります。立てた計画は事業分野別に国の担当大臣に申請します。例えば製造業であれば経済産業省、外食・中食産業であれば農林水産省や厚生労働省、建設業であれば国土交通省となります。

計画書に記載する内容は、自社の概要、現状の認識、今後の目標や指標などです。作成する内容はさほど難しいものではなく、自らの力で計画を作成して申請する中小事業者も少なくありません。経済産業省が提供している経営診断ツール「ローカルベンチマーク」なども活用できます。

【経営力向上計画の認定を受ける主なメリット】

・税制措置

中小企業経営強化税制の適用を受けることができ、節税効果のある即時償却や税額控除などを適用できます。取得する設備の要件が決まっているため、対象設備の要件を確認し、該当する設備を導入するのであれば認定の取得を検討しましょう。

・金融支援

認定を受けることでさまざまな金融支援を受けることができます。具体的には、日本政策金融公庫による低金利融資、中小企業信用保険法の特例、中小企業投資育成株式会社法の特例、中小企業基盤整備機構による債務保証などです。

・一部の補助金・助成金での加点評価

認定を受けることで一部の補助金や助成金で加点評価を受けることができます。多くの事業者が申請する補助金・助成金では、事業計画書の評価が横並びになりやすく、この加点により採択の可否が左右される場合もあります。

・所得拡大促進税制の上乗せ

継続雇用している従業員の給与支給額を所定の割合以上増やした場合などに、その増加額に応じて法人税もしくは所得税から税額控除することができます。

経営革新計画とは？

経営革新計画は、中小事業者が新しい事業活動に取り組み、経営を相当程度向上させることを目的に作成する中期的な計画書で都道府県に申請します。申請のためには直近1年以上の営業実績などが必要になるので、起業直後の事業者は申請することができません。

計画する内容は、経営革新の目標や、経営革新による業績向上の程度を示す指標、経営革新の内容、実施時期などです。経営革新計画の認定は経営力向上計画と比較して審査が厳しく、申請書類の内容も高いレベルが求められます。このため、外部の専門家に依頼し書類作成の支援を受けて申請するケースが多くなります。申請の難易度は高いものの、経営革新計画の認定を受けると経営力向上計画よりも影響力の大きな支援を得ることができます。

【経営革新計画の認定を受ける主なメリット】

・**金融支援**

信用保証制度における特例措置が可能となることで通常の保証枠とは別枠で保証を受けられたり、日本政策金融公庫の特別利率の融資を受けたりすることができます。また、経営革新計画の承認を受けて高度化事業に取り組む場合には、関連する融資を無利子で受けられる可能性があります。食品製造業の場合は、金融機関から融資を受ける際に食品等流通合理化促進機構からの債務保証を受けることができます。

・一部の補助金・助成金での加点評価

認定を受けることで一部の補助金や助成金で加点評価を受けることができます。特に支給額が大きなものは多くの事業者が完成度の高い申請書を提出しています。そのため、経営革新計画の認定を受けて加点を取っておくと有利に働きます。

・補助金や投資の支援対象に

都道府県のなかには、経営革新計画認定者のみを対象とする補助金を設けている場合があります。また、認定を受けることで中小企業基盤整備機構が出資している民間ファンドによる投資が受けられる可能性があります。

・販路開拓の支援

中小企業基盤整備機構と提携している販路開拓コーディネーターからマーケティングやテストマーケティング活動の支援を受けることができます。また、中小企業基盤整備機構が実施するイベントに出展しやすくなります。

・特許関係料金の減免

経営革新計画に関する特許申請について、審査請求料と1～10年の特許料が半額免除される制度を利用することができます。

・海外展開に伴う支援

日本政策金融公庫によるスタンドバイ・クレジットの発行など、海外展開に伴うさまざまな支援を受けることができます。

・外国籍の経営者のビザ取得にも有利

外国籍の経営者が日本で経営者・管理者として活動するために必要な在留資格の一つに「経営・管理ビザ」があります。経営革新計画の認定を受けている企業であれば、「経営・管理ビザ」の取得に際し有利な評価を受けることができます。活用方法としては非常に限定的ですが、日本において外国籍の人が起業を行う場合は、経営革新計画の認定を視野に入れておいたほうがいいでしょう。

認定を受けて損することはない

経営力向上計画と経営革新計画は認定を受けるために相応の労力は掛かりますが、認定を受けることで損することはありません。計画書に記載する項目はビジネスを安定して発展させていくために必要な検討事項であり、計画書の作成に手間は掛かるものの、そこで検討した内容は今後の経営に活用できるものばかりです。起業後に運営が落ちついたら、これらの認定の取得に努めるとよいです。

第6章　【起業の手続き】

法人設立の判断、口座開設、入居審査……

知らないと損する！
押さえておくべき
立ち上げ時の手続き

この章では起業の手続きに関する事項を網羅的に説明しています。自分に関係のないところは読み飛ばして気軽にご一読ください。

1 個人事業主で起業すべきか、法人を設立して起業すべきか

起業するときに悩ましいのが、個人事業主で起業すべきか、それとも法人を設立して起業すべきかという問題です。以前は法人を設立するときに一定の資本金を積む必要がありましたが、その資本金制度はすでに撤廃されており、現在は資本金が1円でも会社を設立することができます。

法人設立のハードルが下がったものの、誰でも法人を設立して起業しているわけでは

ありません。総務省の２０２２年の調査では日本の全企業に占める個人事業主の割合は実に43・９％を占めており、小規模なビジネスであれば個人事業主を選択する人もたくさんいます。法人を設立して起業するとかえって損するケースもあるので、法人の設立を検討している場合は、より慎重な判断が必要です。

法人を設立したときのメリット・デメリット

個人事業主で起業する理由は、法人設立のメリットは理解しつつも、法人設立のデメリットを受け入れられないからだと思います。逆に、法人を設立して起業する場合は、法人設立のデメリットよりも、法人設立のメリットのほうに魅力を感じているからだと思います。つまり、法人を設立したときのメリットとデメリットを押さえていれば、個人事業主で起業すべきか、法人を設立して起業すべきか判断がしやすくなります。法人を設立したときのメリットとデメリットを比較衡量し、どちらが自分に合っているか判断しましょう。それでも悩むようなら、コストの低い個人事業主からスタートするほうがいいでしょう。

【法人を設立したときのメリット】

・節税効果が高い

法人を設立すると、さまざまな面で節税効果が見込めます。個人事業主の場合は売上から経費、控除額を差し引いた額がそのまま所得として扱われます。所得税は累進課税であるため、所得が９００万円以上ある場合は33％以上の税率が課せられることになります。法人税は一律30％であるため、利益が大きくなる場合は、法人を設立したほうが節税効果は高くなります。ただし、法人から経営者や従業員に給与を支給した場合には、その給与に所得税が課されます。

このほかにも、家族を従業員として雇用することで所得を分散したり、決算月を節税対策が行いやすい月に調整したりすることができます。また、赤字になった期の赤字額（欠損金）を個人事業主よりも長く繰り越すこともできます。このような節税効果は利益が少ない場合には効果を発揮しないので、売上や利益が少なくなりそうならば個人事業主を選択するほうがいいでしょう。

・対外的な信用が高い

一般的に、個人事業主よりも法人のほうが信用度は高く、評価されやすい傾向にあります。ＢtoＢの場合、個人事業主とは取引をしない企業も多く、法人を設立することが取引を開始するうえで必須条件となる場合があります。

また、ＢtoＣの場合でも法人を設立することが信用につながる場合もあります。例えば、Ｅコマースなどオンライン上で取引を進める場合は、対面と違って簡単に相手を信用できないため、通常、消費者は運営者情報を確認します。その際、運営者が法人であるほうが信用される傾向にあります。

このほか、従業員を採用する場合も信用度が高い法人のほうが有利です。法人に雇用されると社会保険に加入できるため、個人事業主のところには雇用されたくないという人もたくさんいます。人手不足が深刻化するなか、従業員の採用に苦労しそうなら法人の設立を検討してみてもいいでしょう。

・資金調達の可能性が広がる

出資を受ける場合は、必然的に株式会社でなければなりません。また、融資についても、個人事業主よりも財務資料が充実している法人のほうが有利になります。個人事業主での資金調達には限界があるので、起業当初から大きな事業展開を考えている場合は、法人を設立して資金調達に備えたほうがスムーズかもしれません。

【法人を設立したときのデメリット】

・社会保険の加入義務がある

法人を設立すると、社会保険への加入が義務付けられ、社会保険料（厚生年金保険料、健康保険料、介護保険料、雇用保険料、労災保険料）を支払うことになります。現在、厚生年金保険料や健康保険料に関しては会社と従業員が50％ずつ負担し、従業員が40歳以上65歳未満のときは介護保険料も労使折半で負担します。雇用保険料は会社が多めに負担し、労災保険料に関しては会社が全額を負担します。社会保険料の会社負担割合は約16％と、社会保険料の負担は中小事業者にとって決して軽くはありません。

なお、社会保険は代表者が１人のみの場合でも加入しなければなりません。個人事業主の場合は社会保険に加入しなくてもいいですが、従業員を５人以上雇い入れる場合など一定の条件に該当すれば社会保険への加入義務が発生します。

・事務負担が大きい

個人事業主と比べて役所に届ける手続きや書類が多く、一つひとつの事務が煩雑なので事務処理にも時間が掛かります。特に会計業務が難解であり、法人税や消費税などの税務申告については専門知識が欠かせないため、税理士や会計士との顧問契約が必要となります。また、雇用する従業員の給与計算や社会保険の手続きも定められたルールに沿って行わなければならず、社会保険労務士との顧問契約も考えなければなりません。

このほか、本店住所などを変更する場合は変更手続きも必要になりますし、株主総会議事録など事あるごとに作成する書類が多くなります。事務負担が大きいので、事務を処理する従業員が必要になる場合もあります。

・法人を維持するだけでも費用が掛かる

法人は事務処理が煩雑となるため、税理士や会計士、社会保険労務士などと顧問契約を結ぶことが多く、当然ながら顧問契約料が発生します。また、個人事業主の場合は赤字であれば税金が発生しませんが、法人の場合は、たとえ赤字であっても最低7万円（年間）の法人住民税を納付しなければなりません。

株式会社と合同会社の違い

法人で起業することを決めた場合でも、どのような形態の法人で起業すればいいか悩むこともあると思います。会社法で規定されている会社の形態は、株式会社、合同会社、合名会社、合資会社の4つになりますが、合資会社と合名会社は特殊な条件下で採用される形態となるので、法人を設立して起業するときは、株式会社または合同会社のどちらかを選択します。投資家から出資を受ける予定があるときは、検討の余地なく株式会社を選択することになりますが、出資を受ける予定がない場合は、株式会社と合同会社の違いを把握して、いずれかを選択しなければなりません。株式会社と合同会社の主な違いとして、本書では次の3点を紹介します。

1点目は、会社の運営方法が異なる点です。詳しく説明すると、株式会社は「所有と経営が分離」されているので、会社の所有者である出資者（株主）が、経営能力の優れた人物（取締役）を雇って会社経営を任せることができます。一方、合同会社の場合は出資した人がそのまま経営者となるので、基本的に「所有と経営が一致」します。そのため、誰かに経営を任せて会社をコントロールするオーナー経営が難しくなります。

2点目は、出資者の権限です。出資比率にもよりますが、株式会社の場合は会社のオーナーである株主が会社の経営方針を自由に決められるなど大きな権限をもちます。一方、合同会社は出資した人が経営者となり、その出資比率にかかわらず意思決定が平等となることから、仮に出資者同士で対立した場合は、簡単に経営方針を決めることができなくなります。

3点目は、設立費用です。一般的に株式会社を設立するには20万円以上掛かりますが、合同会社は6万円ぐらいから設立することができます。また、合同会社には決算公告義務や役員の任期がないため、官報などへの掲載料や役員の交代に掛かる登記費用なども原則として不要となります。

株式会社でも合同会社でも出資者の責任（出資額の範囲内でのみ責任を追う有限責任）は同じで、税制面や金融面でも取り扱いは変わりません。そのため、一人社長でオーナー経営をする予定もなければ、株式会社でも合同会社でも大きな違いはなく、自分の好きなほうで設立しても問題ありません。

起業タイプ別の判断基準

個人事業主で起業すべきか、法人を設立して起業すべきか、起業タイプ別にまとめています。起業するときの参考になれば幸いです。

生業的起業

当初は個人事業主として起業し、事業が拡大すれば法人化という流れがスタンダードです。介護事業など法人でなければ起業できない業種を除けば、必ずしも法人を設立する必要はありません。

ニッチ的起業

ターゲットが特定の人（企業）に限定されるので、全国的に広くターゲットを求めることが多くなります。オンライン上で取引を進めることが多い場合は、対外的な信用を得られやすい法人で起業したほうが好ましいです。

ベンチャー的起業

起業当初から市場規模の大きな領域で活動することから、相応の組織力・資金力が必要となります。通常は投資会社から出資を受けて資金調達を行います。株式の譲渡が必要となるため、株式会社を設立することが必要です。

系列的起業

大企業や中堅企業からのスピンアウトや関係会社間でのジョイントベンチャーを想定する起業となります。当然ながら法人形態で起業することになります。

2 本店住所の選び方

法人を設立する場合は法人登記を行わなければならず、法人登記をするには事前に本店住所を決めておかなければなりません。本店住所は法的にはどの場所でも登記できるため、自分が所有または賃貸している物件を本店住所にしても構いません。このとき注意しなければならないのが、「賃貸している自宅」を本店住所とする場合です。

通常、賃貸借契約書の中には物件の使用目的という項目が定められています。この使用目的が「居住用」となっている場合は、その物件を事業用に使用することはできません。居住用の物件を本店住所として登記してしまうと、融資を断られたり許認可が取得できなかったりと起業時からつまずくことになります。登記した本店住所は変更することができますが、無駄な時間も費用も掛かってしまいます。そのため、賃貸している自宅を本店住所とする場合は事前に賃貸契約書を確認しておくとよいです。個人事業主の場合も賃貸している自宅で起業する場合は、賃貸借契約書を確認して使用目的が「居住用」となっていないか確認しておくと安心です。なお、どうしても居住用となっている自宅で事業を始めたい場合は、オーナー（大家さん）に了承を得て覚書を作成すれば事業用の物件として使用することができます。

バーチャルオフィスは信用上やや不利となる場合がある

個人事業主としてバーチャルオフィスを借りるのであれば問題はありません。しかし、法人の本店住所として登記をする場合は、信用上やや不利となる場合があります。具体的には、銀行口座の開設時や融資審査時など金融機関と取引するときに低い評価を受けることになります。

詳細は後述していますが、口座開設でも融資審査でも金融機関は審査をする際、登記されている住所でビジネスが本当に行われているか実態調査を行います。審査のときに銀行員が登記住所に実際に訪れ、看板や表札があるか、本当にビジネスを行っているかを目視でチェックすることも少なくありません。このため、実態が確認できないバーチャルオフィスは口座開設や融資審査の際に不利になってしまうのです。

なお、バーチャルオフィスと同様、近年利用が広がっているシェアオフィスについては、自社の専用スペースが確保されていれば事業実態があると判断され、審査上は問題ないと評価される場合が多い傾向にあります。

賃貸物件を借りるときに事業計画書を提出しよう

近年、賃貸物件を借りるときの入居審査が厳しくなっている傾向にあり、以前よりも店舗や賃貸オフィスを借りることが難しくなっています。入居審査が厳しくなっている背景には、ビジネスが多様化するなかでオーナーや不動産管理会社になじみのないビジネスが増えたことが影響していると考えられます。

オーナーや不動産管理会社は、「入居者は信用できる人間なのか」、「ほかの入居者やテナントに迷惑を掛けないか」という不安を常にもっています。以前はオーナーや不動産管理会社が対面で経営者と面談し、その人となりで信用性を判断することもありましたが、近年はオーナーの高齢化や人材不足、効率化の観点から直接対面することは少なくなりました。だからといって貸し手側の不安がなくなるわけではありません。

このようなことから、賃貸物件を借りるときは事業計画書を提出することをお勧めします。事業内容が明確に示された事業計画書は賃貸物件を貸す側にとっては、非常にありがたい資料となります。実際に、入居者の人となりや事業内容を見極めようと、入居審査時に事業計画書の提出を求めるケースも増えています。

条件の良い賃貸物件は限られているので、このような人気物件には自然と希望者が集中します。入居希望者が複数いて全員が横並びの状態であれば、事業計画書を提出している入居者が高い確率で選ばれます。事業内容が何であれ、事業計画書を提出するという行為そのものが、真摯さ、真面目さをＰＲする要素となるのです。

3 金融機関で事業用の口座を開設しよう

個人事業主として起業した場合は、屋号の付いた事業用の口座を開設しましょう。実務上は普段使っている個人口座でも代用できますが、事業用の口座を開設したほうが、生活用と事業用の財産を分けることができるので経理処理がしやすく、対外的な信用も得られやすいです。金融機関の融資審査においても、生活用と事業用の財産が混在しているようでは、お金の管理ができていると評価しづらいでしょう。

また法人を設立した場合は、法人名義の口座を開設することになります。法人口座を開設するためには、申し込み時に法人の登記簿謄本を提出することになるため、法人登記が終わってから申し込みを行います。金融機関によって審査の厳しさが異なりますが、通常、法人口座開設のための審査は2〜3週間程度、長い場合で1カ月ほどの時間を要します。そのため、法人登記が完了したらできる限り速やかに口座開設の手続きを行いましょう。

法人口座は簡単に開設できない

法人口座は当然のように開設できるものではありません。個人口座よりもはるかに厳しい審査が行われるため、審査に落ちて口座が開設できないケースも珍しくなく、開設までに非常に長い時間が掛かることもあります。

この背景には、法人口座が犯罪や不正によって得た資金のマネーロンダリングに使われやすいからです。マネーロンダリングとは、犯罪や不正で得た資金の出所を分からなくするために、さまざまな口座に送金を繰り返すことで資金の出所を分かりにくくし、捜査機関による差し押さえや摘発を逃れようとする行為です。法人はいったん登記してしまえば代表者を簡単に変えることができますし、口座売買の対象になりやすいことから悪用されやすいのです。

日本は先進国でありながらマネーロンダリングへの対策が甘いと批判されており、このマネーロンダリング対策の一環として、法人口座を開設するときの審査が年々厳しくなっています。

これらのことを背景に、金融機関が法人口座開設の審査をするときは、主に次のようなポイントを確認しています。

【法人口座を開設するときの審査のポイント】

- 登記住所で事業を行っているか
- 登記住所について所有しているか、賃貸であれば賃貸借契約を結んでいるか
- 明確な事業内容であるか
- 資本金が少ないペーパーカンパニーではないか

●代表者の信用に問題がなく、反社会的勢力に属していないか　など

登記住所が店舗や事務所であれば、ビジネスを行っている実態が目視できるので疑われることはありません。一方、バーチャルオフィスは、営業実態が分からないので、審査上はやや不利となります。以前は固定電話の有無も信用の目安になるといわれていましたが、携帯電話やＩＰ電話の利用が一般的になった現在においては、無理に固定電話を契約する必要はありません。

また、口座開設の申し込み時にホームページの有無を聞かれることが多く、事前に事業内容が分かるホームページを作成しておくと審査が通りやすくなる傾向があります。ホームページがない場合や制作が間に合わない場合は、入居審査のときと同様、事業内容を記載した事業計画書を提出するといいでしょう。

通帳は入金口座と支払口座を分けておくと便利

口座は2つ以上作成し、入金口座と出金口座を分けておくと決算や確定申告のときに便利です。取引件数が少ない場合は同じ口座で行っても問題ありませんが、取引件数が多い場合には入金だけの履歴と出金だけの履歴を別々に入手できたほうが効率的です。取引がスタートしたあとで入金口座と出金口座を分けようとすると、取引先に口座変更の手続きを依頼しなければならないなど、少なからず労力が掛かってしまいます。起業初期は時間との戦いでもあるので、できる限り無駄な時間が発生しないような仕組みをつくっておきましょう。

ネット口座もつくろう

ネット口座があると、振込手続きや入出金の確認をネット上で行うことができるので便利です。特に月末はATMや銀行窓口が混み合うので貴重な時間を浪費せずに済みます。また、ネット口座であれば通帳の入出金履歴をエクセルやCSV形式でダウンロードすることができ、それを会計ソフトと連携させるなどで決算や確定申告時の経理処理をスムーズに終わらせることもできます。これは時間の削減になるだけでなく誤入力のリスクがなくなるという点でも有益です。

近年はメガバンクをはじめ、多くの金融機関でインターネット口座が提供されていますが、口座を維持するだけでも毎月の維持費を請求されることもあるので注意が必要です。一方、ネット専業の銀行であれば口座の維持費用は基本的に無料で、振込手数料などもメガバンクなどと比べると安価なので、ネット専業の銀行にも口座を開設しておきましょう。

どの金融機関で口座を開設すべきか

全国の顧客をターゲットとするビジネスであればメガバンクがお勧めです。メガバンクは全国に支店があるので顧客にとって振り込みしやすく、同じメガバンクの口座を開いていれば振込手数料も安く手続きも簡単にできます。また、遠方にいる顧客と信頼関係を築くのは難しいですが、口座開設の基準が最も厳しいメガバンクに口座があると顧客から信用を得られやすくなります。

地域の顧客をターゲットとする場合は、地方銀行や信用金庫などがお勧めです。地方銀行や信用金庫は中小事業者の事業支援に熱心なので、口座開設をきっかけに良好な関係を築くように努めましょう。地域の有益な情報が金融機関経由で入手できることもありますし、経営が多少厳しい状況でも前向きに融資を検討してくれます。ただし、地方銀行や信用金庫は活動範囲が決まっているため、その活動範囲外に新規出店する場合や活動範囲外の不動産を担保にすることができないなど若干の使いづらさはあります。

4 事業用のクレジットカードを準備しよう

金融機関の口座を開設したら、すぐに事業用のクレジットカードを申し込み、クレジットカード払いに対応できるようにしましょう。近年、ビジネスに関連するサービスの大半はクレジットカード決済に対応しています。事業用の支払いは金額が大きいので還元されるポイントも大きくなります。また、ネット口座と同様に、クレジットカードの利用履歴をエクセルやＣＳＶ形式でダウンロードして、会計ソフトと連携するなどで経理処理の簡略化もできます。

個人事業主の場合は、普段の生活費の支出で使っているカードと一緒にせず、事業専用の新しいカードを別に用意しましょう。事業用と個人用の支出を一つのカードでビジネスを始めてしまうと、確定申告のときなど利用履歴を一つひとつ精査しなければならず、経理処理が非常に面倒になります。「あとでクレジットカードの変更をすればいいや」と思っても、起業家は毎日が忙しいので、やっぱり変更手続きは面倒です。最初から事業用カードと個人用カードを分けて使うようにすると効率的です。

第7章　【運営体制の整備】

起業後は毎日自己レビュー

PDCAの高速回転で
キャッシュフローを
安定させることが、
スタートアップ成功のカギ

1

ビジネスモデルは柔軟に再設計することが大切

初めての起業に失敗はつきもので当初の計画どおりに進むことはありません。遅かれ早かれ「うまくいかないな」という場面が必ずやってきます。それは起業直後かもしれませんし半年後かもしれません。また、うまくいかないレベルもすぐに改善できる小さなものから、ビジネスの継続が危ぶまれるほど大きなものまでさまざまです。そのことを念頭に、企業余命が尽きる前にビジネスモデルを再設計するという強い覚悟が必要となります。

一度は耳にしたことがあると思いますが、ＰＤＣＡサイクルという考え方があります。ＰＬＡＮ（計画）、ＤＯ（実行）、ＣＨＥＣＫ（評価）、ＡＣＴＩＯＮ（改善）の頭文字を取っ

図表 14　事業計画の PDCA サイクル

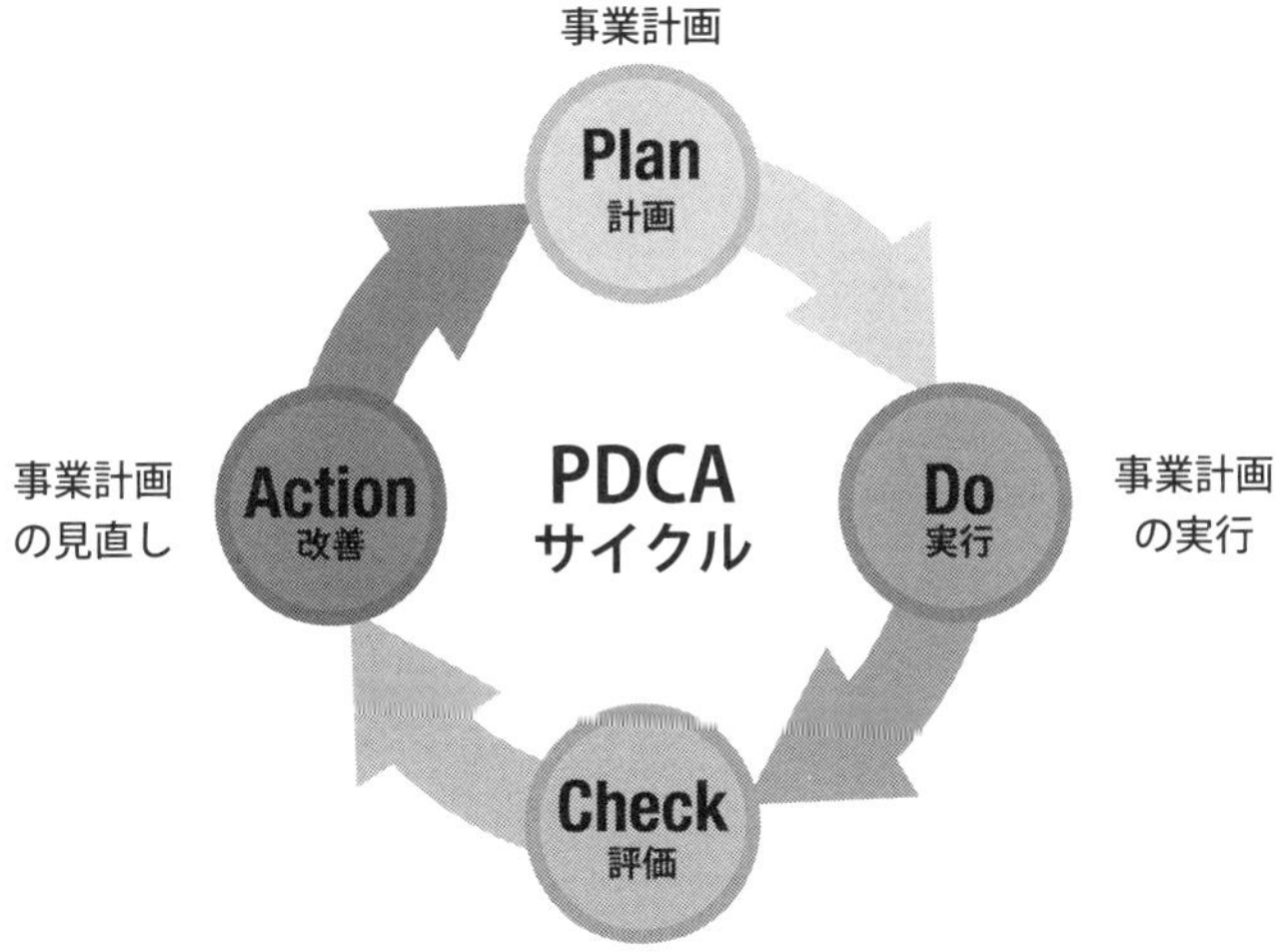

出典：一般的な PDCA サイクルの図を基に作成

たもので、ＡＣＴＩＯＮから最初のＰＬＡＮに戻ることからＰＤＣＡサイクル（図表14）と呼ばれています。もともとは生産管理や業務改善のときに使われる手法ですが、ＰＤＣＡサイクルの考え方は起業においても重要です。

起業してビジネスがスタートすると、しばらくは目の前の仕事に手一杯になるかもしれません。これはうれしい悲鳴で、流されるまま毎日を過ごすのではなく、しっかり顧客ニーズを見極めて事業拡大につながる新たな取組を実行しましょう。一方、想定した以上に集客できず、本当に黒字化するのだろうかと不安になるケースもあると思います。でも、ターゲットとなる顧客が少なからず来ている状態であれば改善はできます。顧客を丁寧に観察したりコミュニケーションを取ったりしてニーズを把握し、どうすれば顧客に喜んでもらえるか考えましょう。単純に認知度の問題かもしれないので、広く広告宣伝をすればすぐに改善するかもしれません。

いちばん厄介なのは、ビジネスがスタートしても仕事がなく、毎日ヒマな状況が続くことです。これはニッチやベンチャーなど潜在ニーズをターゲットとしているビジネスモデルにありがちです。もともと潜在ニーズがないのか、それとも認知度だけの問題なのか手持ち資金が徐々に減少するなか、行くか戻るか非常に迷うと思います。今の事業で頑張るのか、それとも根本的に再設計をするのか、これは正解のない問題なので起業家自身が自己責任で判断するしかありません。

次の事例が最後のケーススタディです。実は、これは私の失敗事例です。ここまでエラそうに話をしてきましたが、私も起業時に大きな失敗をしています。

Case Study 7

潜在ニーズをターゲットとしたビジネスモデルは大崩壊
――ニッチなビジネスモデルを、どのように再設計したのか？

私は長年、政府系金融機関に勤めており、融資審査員として非常に多くの創業融資を担当してきました。また、勤めながら大学院に通い起業について詳しく研究をしていました。これらの経験から、どのような起業（第二創業）であっても、新規事業をスタートするときは、だいたい似た設備投資を行っていることを知りました。そこで、これらの設備投資ニーズをひとまとめにして共同購入・共同発注・価格比較サイトのようなビジネスモデルをつくりました。起業家の初期投資をおさえたいという潜在ニーズがターゲットで、起業家という人が限られるビジネスに当たるので、起業タイプはニッチです。しかし、

500万円以上の設備投資をしたにもかかわらず、さっぱりダメで、八カ月程度で計画を断念しました。あと半年で企業余命が尽きることが分かっていたため、ウェブサイトのアクセス解析を行ってニーズの検証を行い、最終的に事業計画書の作成サービスに特化したビジネスモデルへと再設計しました。

この事例はニッチですが、生業でもベンチャーでもビジネスモデルの再設計の重要性は同じです。ベンチャーであれば顧客獲得が見込めるマーケットを選定しなおし再設計を図ることになるでしょう。生業であれば、ニッチと同じように「自分のやりたいこと」のなかから、どうしたらターゲットの役に立てるか（喜んでもらえるか）＝ターゲットのニーズは何なのかという視点で再設計することになります。

今回のケースでの私の主な失敗は2点あります。1点目は「自分のできること×儲かること」でスタートしてしまったことです。起業や第二創業という分野で活動することは自分のやりたいことなのでいいのですが、共同購入・共同発注・価格比較サイトの運営という手法が性格と合わず、「なにがなんでも軌道に乗せてやる」という強いエネルギーを生むことができませんでした。自分が本当にやりたいことではなかったのでビジネスへのこだわりもなく諦めも早かったと思います。２点目は「過剰投資」です。ウェブサイト制作やシステム開発の進め方について未熟で、相場観も分からず、徐々に開発コストが上振れして資本金の半分を投資することになってしまいました。ケーススタディ１の事例と同様、過剰投資により企業余命を縮めてしまい、残存する企業余命の間で好転させられる見込みはないと判断して計画を断念することを決めました。

再設計の方法として、まず毎日がヒマだったのでウェブサイトのアクセス解析を集中的に行いました。その解析結果に基づいて、自分が情熱や使命感をもって取り組める「自分のやりたいこと×儲かること」のサービスメニューをいくつか考え、それをウェブサイト内で公開しニーズの検証を行いました。その結果、ニーズが多く、最も顧客に感謝してもらえた事業計画書の作成サービスに着目し、ウェブサイトをつくりかえて再スタートを行いました。

ちょうどウェブサイトをつくりかえる頃に、運良く、信頼できるウェブサイト制作者とシステムエンジニアに出会うことができ、ウェブサイト設計やシステム開発に掛かるアドバイスを受けることができました。同時に、財務省の上席専門調査員として公営企業監査の仕事ができることになり、資金的な難局も二足のわらじを履きながらなんとか乗り越えることができました。

余談ですが、どんなウェブサイトも新規公開してから数カ月は、なかなか検索上位に浮上しないことを教えてもらいました。最初のビジネスモデルも我慢強く続けていれば、もしかすると検索上位に浮上して潜在ニーズを獲得できた可能性はありましたが、結局「自分のやりたいこと」の中にあるビジネスではなかったので再チャレンジをしない判断をしました。

また、過剰投資となりましたが、追加投資をしなければビジネスをスタートできなかったので引くことができなかったという背景があります。これがまさにサンクコスト（埋没費用）と呼ばれるもので、実際に直面すると、なかなか後戻りしづらいものがあります。設備投資をするときは上振れすることを予想して、予算額を下回る価格で発注するなど業者との駆け引きも重要だと思います。また、ベンチャーやニッチは「やってみなければ分からない」ところが多く、行くか戻るかは、やはり自己責任で判断せざるを得ないと思います。

CHECKは、世の中のトレンドを含めてチェックする

起業におけるPDCAのCHECKは、ビジネスモデルがうまく機能しているかのチェックにとどまりません。IT技術の発達が著しい現在、商品サービスへのニーズは刻々と変わります。そのため、自分のビジネスモデルが世の中のトレンドや新しい仕組みに合致しているかも一緒にチェックしなければなりません。

例えば、地元の人たちに愛されていたパン屋でも、近隣にキャッシュレス決済に対応したおいしいパン屋が開店すれば、カードでポイントを貯めたい人、現金を持ち歩きたくない人が次第に増えて競争に負けてしまうかもしれません。PDCAサイクルの最大の弱点は、過去の仕組みの改善にとどまってしまうところなので、この弱点を意識し、世の中のトレンドを含めてチェックする必要があります。

有名な寓話として「茹《ゆ》でガエルの法則（理論）」があります。生きたカエルを突然熱

湯に入れれば飛び出して逃げますが、水に入れた状態で常温からゆっくり沸騰させると危険を察知できず、そのまま茹でられて死ぬというものです。この寓話は実は科学的根拠はないものですが、周りの環境が変わっているにもかかわらず、過去の仕組みから抜け出せずにいるビジネス現場への警告としてよく使われます。

チェックするコツとしては、顧客の表情、行為、発言などをよく「観察」することです。例えば先ほどのパン屋の事例でいえば、子どもづれのお母さんが子どもが喜びそうなパンがないか探し回っていたり、直接「カード決済はできませんか」と聞いてくれたり、たいていは顧客から何らかのヒントを発しているものです。顧客の行動を直接観察できないときは、モニターを募集したり、ケーススタディ7のように顧客の声に代わるデータを分析したりと、いろいろと工夫してチェックしましょう。

ACTIONは、数字の改善まで確認する

PDCAのACTIONは実際の数字に基づいて改善を行うことになります。ビジネ

スモデルの問題点は必ず数字になって表れてくるので、数字の悪い箇所に当たりをつけて原因を突き止め、改善を行い、実際の数字が改善されているかまで確認します。いわば「数字から入って数字で終わる」ことになるので、数字が嫌いな人が多いことは知ってますが、ここは避けて通ることができません。

起業初期は企業余命が短いので、テンポ良く対策を出すことも大事で、ひらめきに頼って対策を出しても構いません。しかし、突き詰めたとき、改善が数字に反映されていなければ、それは改善ではありません。社長を含め声の大きい人の意見が採用されて対策を行い、それで改善した気になってはいけません。必ず数字を使って客観的に検証するようにしましょう。

ＰＤＣＡサイクルを実施するに当たり、現状よりも良い数字に改善するには、ひとまず次の①②③のアプローチだけ覚えていれば大丈夫です。

①売上高を上げる　②利益率を上昇させる　③固定費を下げる

①の売上高を上げる方法は、収支予測で行ったように単純に「売上高＝客単価×客数」と考えて、客単価を上げるにはどうすればいいか、客数を伸ばすにはどうすればいいかという視点でアプローチしましょう。そこから派生して、商品単価を上げるにはどうすればいいか、販売点数を伸ばすにはどうすればいいかと視点を広げていくことも重要です。手法を挙げればきりがありませんが、同業他社の事例を参考にするなど自分に合った方法を試しましょう。

②の利益率を上昇させる方法は、例えば商品の販売価格は据え置いたまま、大量ロットで商品を仕入れして仕入れ単価を下げるなどの取組です。このほか、90g・200円で販売していたお菓子を80g・200円と容量を減らして販売するなど、販売価格は据え置いたままグレードダウンすることも利益率の上昇につながります。

③固定費を下げる方法は、その名のとおり毎月支出している固定費を下げる方法です。固定費は下げた分だけ利益が上がるので高い効果が見込めます。格安SIMを使って携帯電話代を安くする、テレワークを導入して家賃が安いオフィスに引っ越すなどの対策が考えられます。

このように改善は、この①②③のアプローチから考えると始めやすいでしょう。とりあえず直感的に対策をやってみてうまくいったら採用、ダメだったらやめるといった方法でも構いません。起業初期に立ち止まっている時間はないので、素早く対策を打ち出すことを心掛けましょう。

キャッシュは経営者が自分で管理しよう

キャッシュとは、手元にある現金、普通預金、当座預金などです。キャッシュをしっかり管理することで運転資金の残額を正確に把握することができ、資金ショートを防ぐことができます。

例えば、多くの発注を受けて請求書を発行し、会計上は利益がある黒字経営を行っていたとしても、その入金前に出費が多くなれば資金ショートを起こしてしまうことがあります（いわゆる黒字倒産）。逆に、キャッシュが豊富にあれば、いくら赤字であっても資金がショートすることはありません。

建設業やソフトウェア受託開発業などの請負系のビジネスモデルは費用が先行すること

が多いので、キャッシュが将来的にどのように推移するのか分かりづらく注意が必要です。もらえる金額は変わらないのに、修正や改修などの追加作業で余分なコストが掛かり、経営者が想定していたよりもキャッシュが減少してしまったという事例もよく見聞きします。

手持ち資金がなくなれば経営が危ういことは経営者であれば誰しもが認識できるはずですが、（会計上の）売上至上主義の運用をしてしまい、キャッシュの管理ができていない経営者も少なくありません。経営者が事業拡大をするために売上を追い求めることは悪いことではありませんが、特に大きな請負金額を受注する場合などは、入金がある前に資金が底を突かないか計算することが必要です。

キャッシュを管理する方法として、次のようなものがあります。

- 資金繰り表を作成しキャッシュフローを確認する
- 請求書の振込期日を早める
- 債権回収の管理を徹底する
- 在庫を圧縮する

スモールビジネスの経営者は、現場担当者と兼務して働いている人（プレイングマネージャー）がほとんどです。そのため、特に数字が苦手な経営者は経理をほかの人に任せているケースが少なくありません。経理は人に任せてもいいですが、キャッシュだけは経営者が自分で管理するようにしましょう。帳簿だけを見て、売上が増えた減ったと一喜一憂しているだけではいけません。

2 スモールビジネスでも無視できないコーポレートガバナンス

人を雇用してビジネスを長期的に続けていくつもりなら組織づくりにも力を入れる必要があります。このときに参考になる考え方がコーポレートガバナンスです。

東京証券取引所のコーポレートガバナンス・コードによると、コーポレートガバナンスとは、「透明・公正かつ迅速・果断な意思決定を行うための仕組み」とされています。このコーポレートガバナンスは大企業向けに作成されたものですが、その考え方はスモールビジネスでも役立ちます。

コーポレートガバナンスを大雑把に要約すると、「不正を防止するとともに企業価値を高めましょう」となります。スモールビジネスでも不正防止はもちろんのこと、新規事業を創出して企業価値を高めることは大切です。生業やニッチは個人事業主が多く組織づくりは関係ないと考える人が大半ですが、個人事業主であっても人を雇用する場合はコーポレートガバナンスの考え方を取り入れ、組織づくりにも力を入れていくことが必要です。

まず、不正防止の意味ですが、「不正や不謹慎な行動を防いで社会的信用を高めていきましょう」という姿勢を表しています。近年、SNSの普及によって企業の悪い評判はすさまじいスピードで拡散する時代となっています。「バイトテロ」と呼ばれるアルバイトの不適切行為、顧客への不適切な対応、顧客の個人情報の無断利用や漏えいといった社会的に批判を浴びる言動は、SNS上であっという間に拡散され、事業者はいとも簡単に経営不振に追い込まれます。たった一人のアルバイトの行動であっても、以前とは比べ物にならないほどビジネスに与える影響は大きく、不正や不謹慎な言動を防止して社会的信用を高めていくという姿勢がなければ、これからの時代を生き抜いていくことは困難です。

次に新規事業創出の意味は、「リスクを適切に評価してリスクに見合うリターンがあるならば、果敢にチャレンジしましょう」という姿勢を表しています。急速に変わっていく時代に新しいことにチャレンジする姿勢がなければ大きなビジネスチャンスを逃してしまうかもしれません。経営者が一人で新しいことを創出するよりも、現場の第一線で商品サービスを提供している従業員のアイデアを参考にしたほうが、もっと良いものが生まれるでしょう。「どうすればもっと良い商品サービスを提供できるだろうか」と考えてくれる従業員を育てていくには、やはり組織づくりが重要です。従業員同士で新規事業や新商品のアイデアを出してくるような企業はやはり力強く、経営の多角化も上手に行っています。

不正を防ぐ組織づくり

ビジネスを行うなかで不正を防ぐには、不正を防ぐ社内環境や社風をつくることが大切です。不正を防ぐ社内環境や社風がないと、レジ内の金銭の横領、経費のごまかし、企業の名前を無断で使った不正利得といった不正行為が起きやすくなります。このほか、名の知れた飲食店にアルバイトとして入り、その店の看板メニューのレシピ、ノウハウ、取引先を調べ上げて退職し、そっくりそのまま同じメニューを使って独立したという酷い話もあります。

このような明らかに悪意をもって行われる不正に対応するためには、金銭の管理を複数人で行う体制を整えたり、経費内容のチェックを厳しくしたり、防犯カメラや自動釣銭機を導入したりと不正を行いにくい社内環境をつくる必要があります。また、レシピなどの重要な機密事項についても、管理者以外には公開しないようにするなど、アルバイトのような短期雇用の人材では容易に入手できないような対策を講じなければなりません。また、誓約書を書かせたり社内研修を実施したりして意識的に不正が起こりにくい社風をつくっていくことも大切です。こうした不正が起こりにくく、経営者の意図や指示が伝わりやすい社内環境は「ガバナンスが利いている」と呼ばれています。中小企業や個人事業主にとっても「ガバナンスを利かせる」ことは事業を運営するうえで非常に重要なことなのです。

従業員０でも就業規則を作成しよう

就業規則とは雇用主と従業員の間の就業に関するルールを定めたものです。小規模の中小企業や個人事業主の場合は就業規則の作成義務がありませんが、就業規則がないことで引き起こされるリスクも多いため、たとえ従業員が０の場合でも、これから人を雇用する予定であれば早めに就業規則を作成しておきましょう。

高度な就業規則を作成する必要はありません。しかし、不正や不謹慎な行為を事前に防止するためにも、勤務中の写真撮影は禁止する、顧客情報に関することをＳＮＳに投稿しないといった懲罰規定は盛り込むとよいです。後々のトラブルを防ぐためにも、何が良くて何が悪いことかをはっきりと示すことが大切です。

「就業規則を作らなくても口頭で伝えればよい」と考える経営者も多いですが、従業員が行った行為を後から咎めたり、常識で判断しろという態度をとったりすると、トラブルやモチベーションの低下につながります。また、口頭だと「言った」、「聞いていない」の水掛け論になるので、しっかりと就業規則を作って従業員に周知することは重要なことです。このように就業規則は経営者と数人のアルバイトで運営するような小さな組織においても重要な役割を果たします。

また、就業規則を作成することで、どのような組織をつくりたいか頭が整理され、従業員の昇給、評価、退職金をどうするかなど多方面での気付きにつながります。このほか、採用の際にも就業規則があることで、経営者にとっては採用すべき人材が判断しやすく、採用される側にとってはどのような働き方が求められるか分かりやすいという利点もあります。就業規則などの社内規定は従業員の同意を得ずに不利益な変更をしてはならないというルールがあるため、いざ従業員を採用するときに即席でつくってしまうと、のちのち無用な労務トラブルを招きかねません。そうならないよう従業員が0の段階から準備しておくことが理想です。

就業規則の作成に関しては、インターネットで調べて自分一人で作成してもいいですが、専門家である社会保険労務士や、商工会議所や商工会、よろず支援拠点などに相談して作成したほうが安心です。また、ガバナンスを効かせるためには、就業規則だけではなく、あらゆるシーンを想定した社内規定があるほうが望ましいでしょう。

従業員だけで新規事業を生み出す組織づくり

新しい事業や商品を発案する場合は、経営者一人の考えから答えを出すよりも、複数の人間がアイデアを出し合い検討するほうが精度は高くなります。そのため、従業員から新しいビジネスや新しい商品の発案が行われる社内環境は非常に望ましい状態といえるでしょう。

しかし、中小事業者において従業員が自主的に新規事業を発案することは難しいのが

図表15　収益力を向上させる取り組みを発案する者・部署（複数回答）

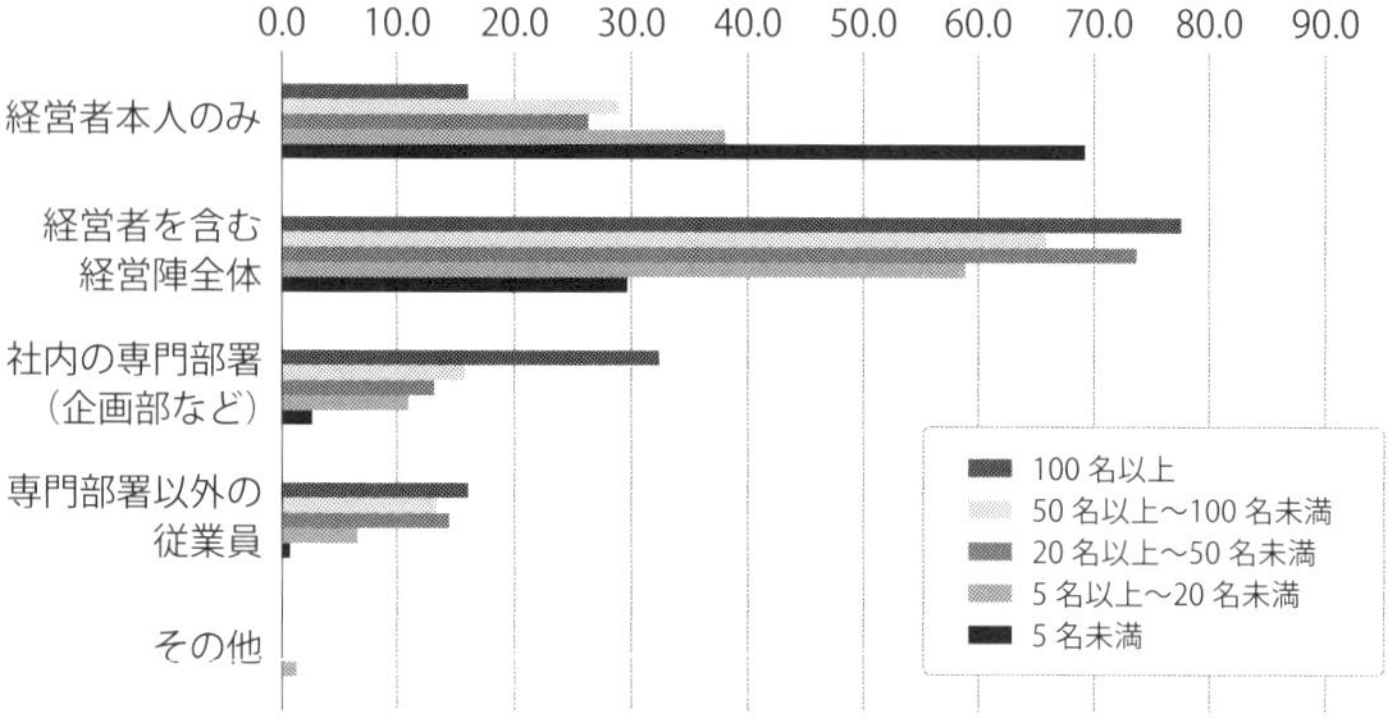

※アンケート調査は「経営者本人のみ」と「経営者を含む経営陣全体」を同時に選択できないよう制御している

出典：企業家バンク資料「中小企業でも無視できないコーポレートガバナンス」

実情です。以前、私が行った中小企業のコーポレートガバナンスに関するアンケート調査によると、従業員5名未満の企業の約70％が、「収益力を向上させる取り組みを発案する者は経営者本人のみ」と回答しています。しかし、逆の見方をすれば、約30％が経営者以外の人が発案していることになり、事業規模が小さいからと言って従業員のアイデアや発案を活かすことができないわけでありません（図表15）。新規事業や新商品の発案を評価するルールをつくり、新しいアイデアを発言しやすい土壌をつくることも大切です。

また、経営者がいなくても問題なく運営できる組織をつくることができれば、経営者としては、たとえ事故や病気で会社を離れたとしても安心ですし、従業員に事業を承継して、自分は経営者から株主（オーナー）に勇退する道を開くこともできます。従業員が自律的に活動できる組織づくりを目指し、風通しのよい組織をつくれるよう従業員と良好な関係を築きましょう。

ビジネスを成功させる強運のつかみ方

最後に、これまで私が出会った数多くの経営者との対話のなかで感じた「成功する経営者の心の持ちよう」についてお話ししたいと思います。私は成功している経営者に必ず「ビジネスが上手くいった理由は何だと思いますか」と聞いていたのですが、そのときに「運が良かった」と答える経営者がかなり多くいました。運の正体を明らかにしようと対話を進めていくと、そのほとんどが「運」という言葉を「人の縁」という言葉に置き換えることができたのです。つまり、運が良かったとは、人の縁が良かったということになります。

人の出会いが人の縁に変わるためには、まず「自分のやりたいこと、目指したいこと」を人に語ることが重要だと思います。多くの人に話していれば応援してくれる人があらわれ、いずれは大きなムーブメントになるかもしれません。そうやってビジネスが上手くいって、あとで振り返ったときに「運が良かった（人の縁が良かった）」という言葉になるのだと思います。

人に語ればビジネスアイデアが盗まれると心配するかもしれません。しかし、唯一無二のアイデアなどはあまりなく、似たようなアイデアを持つ人はおそらくたくさんいます。アイデア自体にさほど価値はありません。そのアイデアを形にして事業化し、多くの人がそのアイデアを享受できるようになったときに大きな価値が生まれるのです。このアイデアと事業化には雲泥の開きがあります。重要なことは行動であり、アイデアを目に見える形で実現させることです。

また、相手をいかに儲けさせるか、成功させるかという利他の精神も重要です。自分だけが利益を得て相手は損をするようなゼロサムトレードで人の縁は育ちません。自分が嫌いな人と無理に付き合う必要はありませんが、基本的には相手の成功を応援する姿勢で接しましょう。なお、この相手には顧客や提携先だけではなく、自社の従業員も含まれます。従業員の利益や成功を考え、従業員の力を引き出しましょう。従業員の幸福度が上がれば、いずれ顧客満足度にも波及し、従業員を通じて顧客との縁も広がっていきます。とくにスモールビジネスはコミュニティが狭いので、人の縁がビジネスの成功の鍵を握っているといっても過言ではありません。

これで本当に最後となります。世界中で進められている起業研究において、起業の成功要因には「起業家本人のパーソナリティ（能力など）」と「起業家以外の社会環境（人脈など）」の二つが関係していることが明らかとなっています。この社会環境は偶然に与えられるものではなく、起業家自らが築くものと考えられています。もちろん人の縁もこの起業家以外の社会環境の一つに他なりません。自分のパーソナリティだけを高めるのではなく、良好な社会環境を築けるように頑張りましょう！

おわりに

私がこれまで多くの起業家や経営者たちと対話し、また大学院で起業について研究するなかで感じたことは、起業をひと括りに語ることはできないということでした。世の中にはさまざまなタイプの起業があり、起業家のバックグラウンドも多様で、まさに千差万別といえます。

しかし、世の中の起業についての発言、記事、書籍や研究論文に至るまで、起業の多様さに着目したものが無いように感じられます。多様性に富んだ起業の姿があやふやなまま起業のノウハウが語られ、それが一人歩きをしているように思えました。

情報が氾濫する現代において、起業のノウハウに関する情報は錯綜しており、起業家が氾濫する情報のなかから「自分の起業にマッチした情報」を選び取るのは簡単なことではありません。これではせっかくの価値ある起業ノウハウも、有効に活用されることができない……そう思った私は、多様な起業の姿を分かりやすく、かつ体系的に整理した本を世に出そうと考えました。

多様な起業の姿をありのままに示しても、これから起業を目指す読者には分かりづらく参考になりません。そこで、私が起業研究の際に使っていた起業の分布図を応用し、市場規模とニーズの2軸を設定して起業のタイプを分けることにしました。その結果として表れたものが、「生業的起業」「ニッチ的起業」「ベンチャー的起業」「系列的起業」の4タイプです。この4タイプにはそれぞれに特徴があり、取りうる戦略も異なってきます。自分の起業タイプを把握することでスムーズな起業を実現することができ、自分にマッチした有益な起業ノウハウも的確に選び取ることができるのです。

本書を手に取った人のなかには、明確な成功への方法論が書かれていると期待している人がいたかもしれません。しかし、残念ながら成功が保証される手法が記載された書籍はこの世にありません。最終的には起業家自身が自分の力で情報を収集し、考え、自分なりの答えを見つけ出して実践していかなければならないのです。

私を含め、起業家は周りから何と言われようと、自分の好きなように起業してさまざまな失敗をします。いかに周りが親身にアドバイスをしたとしても頑なに意見は曲げないでしょう。事業を起こすぐらいの人なので、それぐらいの信念があって良いと思いますし、実際に経験したことしか学ぶことができないので実際に失敗を経験しても良いと思います。

起業に失敗はつきもので、その失敗を真摯に受け止め、なんとか事業を軌道に乗せようと粘り強くチャレンジし、失敗とチャレンジの繰り返しのなかでビジネスチャンスをつかみ取り事業は拡大していきます。そのチャンスをつかむためには、より長く事業を存続させ、チャレンジの回数を増やしていくしかありません。また、どんな事業でも長く続けていれば、信頼できる友人、頼りになる仕事仲間、応援してくれるファンが必ず増えていきます。そうなれば、もっと事業は確実なものとなっていくでしょう。

事業を長く存続させること、つまり企業余命を長くするためのコツが本書の中核となるところです。周りの意見が起業家に届かないのならば、やはり起業家自身が起業を学んでいくしか方法はありません。本書が孤軍奮闘する起業家の成長に少しでも貢献できればと願っています。

なお、本書では起業の現場を実感してもらうため、いくつかケーススタディを紹介しました。当事者のプライバシーや営業秘密を保護するため、業種、商品名、人物像はすべて変更しております（一部商品については、ご本人の同意の上、紹介させていただいています）。脚色しているとはいえ、ケーススタディそのものは起業の現場で実際に起こったノンフィクションの出来事であり、ぜひ参考にしてほしい内容です。

このたびの出版にあたっては、ケーススタディの活用にご快諾いただいた経営者のみなさま、幻冬舎メディアコンサルティングのみなさまに大変お世話になりました。また、私の仕事を支えてくれている妻や子供たち、起業家バンクのスタッフにも本当に助けられました。この場を借りて心からありがとうの言葉を贈りたいと思います。

〈著者紹介〉

前薗浩也（まえぞの ひろや）

関西学院大学法学部卒業後､日本政策金融公庫（旧国民生活金融公庫）に入庫。融資審査員として公庫に在籍しながら神戸大学大学院経営学研究科で起業に関する研究を行う。公庫退社後は、財務省の融資部門で公営企業の監査業務に従事し、現在は事業計画書の作成支援を専門とする起業家バンクの運営責任者を務める。中小企業診断士、行政書士、1級ファイナンシャルプランナー技能士(CFP)、MBA を取得。日本ファイナンシャル・プランナーズ協会 CFP 試験の作成委員としても活動する。

本書についての
ご意見・ご感想はコチラ

独立開業を目指す人のための

スモールビジネス成功読本

2023年7月31日　第1刷発行

著　者　　前薗浩也
発行人　　久保田貴幸

発行元　　株式会社 幻冬舎メディアコンサルティング
〒151-0051　東京都渋谷区千駄ヶ谷4-9-7
電話　03-5411-6440（編集）

発売元　　株式会社 幻冬舎
〒151-0051　東京都渋谷区千駄ヶ谷4-9-7
電話　03-5411-6222（営業）

印刷・製本　中央精版印刷株式会社
装　丁　　杉本桜子
装　画　　ふすい

検印廃止

Printed in Japan
ISBN 978-4-344-94686-6 C0034
幻冬舎メディアコンサルティングＨＰ
https://www.gentosha-mc.com/